पालि नीति साहित्य ग्रंथमाला- 3

महासीलवंसेन कता

महारहनीति

देवनागरी संस्करण एवं हिन्दी अनुवाद

उज्ज्वल कुमार

आदित्य प्रकाशन
नई दिल्ली

देवनागरी संस्करण एवं हिन्दी अनुवाद : उज्ज्वल कुमार
ई-मेल- ujjwal1980@gmail.com

प्रकाशक
आदित्य प्रकाशन
2/18, अंसारी रोड
नई दिल्ली- 110002, भारत
फोन- +91-11-23278034
ई-मेल- contact@adityaprakashan.com
वेबसाइट- http://www.adityaprakashan.com

ISBN

प्रथम संस्करण- 2019, नई दिल्ली

PĀLI NĪTI SĀHITYA GRANTHAMĀLĀ- 3

Mahāsīlavaṃsena Katā

MAHĀRAHANĪTI

Devanāgarī Edition and Hindi Translation

Ujjwal Kumar

Aditya Prakashan

New Delhi

Devanāgarī Edition and Hindi Translation: Ujjwal Kumar
E-mail- ujjwal1980@gmail.com

Publisher
Aditya Prakashan
2/18, Ansari Road,
New Delhi- 110002, India
Phone- +91-11-23278034
E-mail- contact@adityaprakashan.com
Website- http://www.adityaprakashan.com

ISBN: 978-81-940850-5-8

First Edition- 2019, New Delhi

Printed at Replika Press Pvt. Ltd.

दो शब्द

महारहनीति का संकलन *लोकनीति* (14–15वीं शताब्दी) के समय ही किया गया था किन्तु बर्मा में *महारहनीति* को वैसी लोकप्रियता नहीं मिली जैसी *लोकनीति* को। यहाँ तक कि आधुनिक विद्वानों ने भी इस ग्रंथ का उल्लेख नहीं किया है। यद्यपि *महारहनीति* का बर्मा में कम से कम तीन बार मुद्रण किया गया था (देखें महा. 1, महा. 2) फिर भी पश्चिमी विद्वानों के अतिरिक्त बर्मी विद्वानों के नजरों से भी यह ग्रंथ लंबे समय तक ओझल रहा। विशेष रूप से पालि–नीति–साहित्य पर कार्य करने वाले जेम्स ग्रे (1886) तथा भारतीय नीति साहित्य पर विशद रूप से कार्य करने वाले लुड्विक स्टर्नबाख़ (1909-1981) ने भी इस ग्रंथ के संदर्भ में कुछ नहीं कहा है। सर्वप्रथम इस ग्रंथ पर विस्तृत कार्य हान्ज़ ब्राउन (1975) ने पी.एच.डी. शोध निबंध के रूप में प्रस्तुत किया। तत्पश्चात् हान्ज़ ब्राउन और हान्ज़ बेज्हेर्ट (1981) ने *Pāli Nīti Texts of Burma* (पा.नी.टे.ब.) में *महारहनीति* को अन्य तीन नीति ग्रंथों *लोकनीति, धम्मनीति* और *राजनीति* के साथ पालि–टेक्सट–सोसायटी, लंदन से रोमन संस्करण प्रकाशित किया। मेरी जानकारी में *महारनीति* पर ब्राउन और बेज्हेर्ट का एक–मात्र आलोचनात्मक संस्करण उपलब्ध है। जहाँ तक हिन्दी भाषा या भारतीय भाषाओं में कुछ सामाग्री की बात है तो मेरी जानकारी में इस ग्रंथ के लेखक के एक लेख को

छोड़कर (देखें कुमार 2016) *महारहनीति* पर हिन्दी के अतिरिक्त किसी भी भारतीय भाषा में कुछ भी प्रकाशित नहीं है। इस प्रकार यह कहने में कुछ अतिश्योक्ति नहीं है कि प्रस्तुत देवनागरी संस्करण एवं हिन्दी अनुवाद किसी भी भारतीय भाषा में *महारहनीति* पर प्रकाश डालने का प्रथम विनम्र प्रयास है।

मेरे इस कार्य की पृष्ठभूमि में अनेक विद्वानों का परोक्ष एवं अपरोक्ष सहयोग रहा है जिनके प्रति कृतज्ञता ज्ञापित करना मेरा सौभाग्य होगा। सर्वप्रथम मैं हाइन्ज़ ब्राउन और हाइन्ज़ बेज्हर्ट (1932–2005) के प्रति अपनी कृतज्ञता ज्ञापित करता हूँ जिनके संस्करण के आधार पर प्रस्तुत देवनागरी संस्करण को तैयार किया गया है। विशेष कर मैं हाइन्ज ब्राउन का यहाँ उल्लेख करना चाहूँगा जो आधुनिक पालि–अध्ययन के इतिहास में बहुत जाने–पहचाने नाम नहीं है। हाइन्ज ब्राउन ने अपने एम.ए. और पी.एच.डी. के शोध निबंध के रूप में पालि–नीति साहित्य पर काम किया और पालि–विद्या के इस लुप्त भाग को पुनः प्रकाश में लाया उसके लिए वे साधुवाद के पात्र हैं। मुझे इस बात को स्वीकारने में कोई संकोच नहीं है कि मेरा पूरा कार्य हाइन्ज ब्राउन के शोध पर आधारित है या यूँ कहें कि उसका विस्तार है।

अनुवाद तथा भाषा संबंधी त्रुटियों पर मेरा ध्यान आकृष्ट करने के लिए उमा शंकर व्यास, प्रोफेसर (अवकाश प्राप्त) एवं भूतपूर्व निदेशक, नव नालन्दा महाविहार, नालन्दा तथा अंगराज चौधरी, प्रोफेसर (अवकाश प्राप्त), नव नालन्दा महाविहार, नालन्दा एवं संपादक विपश्यना विशोधन विन्यास, इगतपुरी का मैं विशेष आभारी हूँ। आप दोनों विद्वानों का सुझाव मुझे नीति साहित्य के अध्ययन एवं प्रकाशन में मिलता रहा है। आप दोनों ने सम्पूर्ण ग्रंथ का पारायण कर मेरे अनुवाद तथा हिन्दी भाषा संबंधी अशुद्धियों से मुझे अवगत कराया एवं हिन्दी में शुद्ध लेखनी तथा पालि भाषा से हिन्दी अनुवाद कैसे की जाए आदि पर आप दोनों

विद्वानों से मार्गदर्शन मिलता रहा है। आप दोनों विद्वानों को मैं हृदय से प्रणाम करता हूँ तथा आपके सहयोग के लिए कृतज्ञता ज्ञापित करता हूँ।

विमलेन्द्र कुमार, प्रोफेसर एवं विभागाध्यक्ष, पालि एवं बौद्ध अध्ययन विभाग, काशी हिन्दू विश्वविद्यालय एवं संपादक *धर्मदूत* का कृतज्ञ हूँ जिन्होंने *महारनीति* से संबंधित मेरे लेख 'महारहनीति : एक परिचय' को *धर्मदूत* (2016: 223–255) में स्थान दिया।

असावधानी या मेरी अज्ञानता के कारण पुस्तक में अनुवाद एवं भाषा संबंधी बहुत सी अशुद्धियाँ रह गई होगी। इसके लिए मैं सुधीजनों से क्षमाप्रार्थी हूँ तथा उनसे आग्रह करता हूँ कि आप मेरे अशुद्धियों से मुझे अवगत करायें।

उज्ज्वल कुमार
बौद्ध अध्ययन विभाग
कलकत्ता विश्वविद्यालय
कोलकाता

विषय-सूची

संक्षिप्तीकरण

अट्ठ.	अट्ठकथा
अ.नि.	अङ्गुत्तरनिकाय, वि.वि.वि., इगतपुरी,1998.
अभि.प.	अभिधानप्पदीपिका. देखें जैन (1974).
इतिवु.	इतिवुत्तक, वि.वि.वि., इगतपुरी,1998.
इस्.	Indische Sprüche: Sanskrit und Deutsch (भारतीय लोकोक्ति : संस्कृत और जर्मन). Ed. Otto BÖHTLINGK. 3 Vols. St. Petersburg. 1870-73.
कथावत्थु	वि.वि.वि., इगतपुरी,1998.
गरुड.	Garuḍapurāṇa, Ed. Jīvānanda VIDYĀSĀGAR-A, Calcutta 1890.
चू.वं.	चूलवंस, देखें गायगर 1925.
चा.नी.शाखा.सम्प्र.	Cāṇakya-Nīti-Text-Tradition (चाणक्य-नीति-शाखा-सम्प्रदाय), Ed. L. STERNBACH. (1962-1970) 2 vols. with 5 pts., 27-29, Hoshiarpur: Vishveshvaranand Vedic Research Institute. [vol. I, pt. 1 contain the texts: Vṛddha-Cāṇakya, textus ornatior (चाणक्य-नीति-दर्पण= चा.नी.दर्पण.); Vṛddha-Cāṇakya, textus simplicior (वृद्ध-चाणक्य= वृद्ध.चा.); Cāṇakya-nīti-śāstra (चाणक्य-नीति-शास्त्र= चा.नी.शास्त्र.); Cāṇakya-sāra-saṃgraha (चाणक्य-सार-संग्रह= चा.-सा.संग्रह.); vol. I, pt. 2 contain the texts: Laghu-Cāṇakya (लघु चाणक्य= ल.चा.); Cāṇakya-raja-nīti-śāstra (चाणक्य-राज-नीति-शास्त्र =

चा.रा.नी.शा.); vol. II part 1: Introduction; vol. II, part 2 and 3: An attempt to reconstruct the Urtext (चा.रा.संसो.)]

चा.वे. Uber 100 Sprüche des Cāṇakya. A. WEBER. Monatsberichte der Kgl. Preuss. Akademie der Wissenschaften zu Berlin aus dem Jahre 1864. 400-431, Berlin 1865.

चा.सप्त. Cāṇakya-saptati, Ed. K. V. SARMA, Hoshiarpur 1965 (Vishveshvaranand Indological Series 32).

ज्यो.स.स. ज्योतिष सर्व संग्रह. संपा. पंडित रामस्वरूप शर्म्मा, छठा संस्करण, हिन्दी पुस्तकालय मथुरा. (n.d.).

जा. जातक, वि.वि.वि., इगतपुरी, 1998. और भी देखें कौसल्यायन 1985.

थेरगा. थेरगाथा, वि.वि.वि., इगतपुरी,1998.

दी.नि. दीघनिकाय, वि.वि.वि., इगतपुरी,1998.

ध.नी. धम्मनीति, देखें बेज्हर्ट और ब्राउन 1981.

ध.प. धम्मपद, वि.वि.वि., इगतपुरी,1998.

ध.शा.इ. धर्मशास्त्र का इतिहास. पाण्डुरङ्ग वामन काणे. चतुर्थ संस्करण 1992-2010. प्रथस संस्करण 1965-1973. पाँच भागों में. [अनु. अर्जुन चौबे काश्यप]. लखनऊ: उत्तर प्रदेश हिन्दी संस्थान. मूल अंग्रेजी में History of Dharmasastra. 1st Pub. 1930-1962, Bhandarkar Oriental Research Institute, Poona.

नी.का. The Nītisāra of Kāmandaka, Ed. Gaṇapati ŚĀSTRĪ, Trivandrum 1912 (Trivandrum Sanskrit Series 14).

नी.का.मि. The Nītisāra of Kāmandaki, Ed. Raja Rajendra Lala MITRA, revised with English Translation by Sisir Kumar MITRA. 2008. 2nd

	Reprint. Kolkata: The Asiatic Society.
नी.शा.वि.	Nītiśāstraviniścaya, देखें बेज्हेर्ट 1979a.
नेत्ति.	नेत्तिप्पकरण, वि.वि.वि., इगतपुरी,1998.
पदरूपसिद्धि	देखें छ.सं.
पंच.	Pañcatantra-versions
पंच.एड्गर्टेन	The Panchatantra reconstructed, by F. EDGERTON, 2 vols., New Haven 1924 (American Oriental Series 2,3).
पंच.किलहौर्न	Pañcatantra (textus simplicior), Ed. F. KIELHORN (Vol 1) and G. Bühler (Vols. 2-5), 5 vols., Bombay 1891-96 (Bombay Sanskrit Series).
पंच.कोसेगर्टेन	Pantschatantrum, Ed. I. G. L. KOSEGARTEN, Bonn 1848.
पंच.पुर्न.	The Panchatantra, A collection of Ancient Hindu Tales in the Recension, Called Panchakhyanaka, and Dated 1199 A.D., of the Jaina Monk, Purnabhadra, Ed. J. HERTEL, 2 vols., Cambridge: 1908, 1912. (Harvard Oriental Series 11, 12).
पंच.हर्टेल	The Panchatantra, A collection of ancient Hindu tales in its oldest recension, the Kashmirian entitled Tantrākhyāyikā, Ed. J. HERTEL, Cambridge. 1915 (Harvard Oriental Series 14).
पा.नी.टे.ब.	Pāli Nīti Texts of Burma: Dhammanīti, Lokanīti, Mahārahanīti, Rājanīti. (देखें, बेज्हर्ट और ब्राउन 1981)
पा.हि.को.	पालि-हिन्दी शब्दकोश. (2007-). (संपा.) रविन्द्र पंथ. नालान्दा : नव नालान्दा महाविहार.

प्रश. "Pratyayaśatakaya", Siṃhala Granthāṃavaya hevat Sihaḷa Gatsayura, Library of Sinhalese Classics, Ed. A. M. G[UṆASEKARA], Ceylon (n. d), 117-130.

बुद्ध.च. The Buddhacarita: Or, Acts of the Buddha, Ed. E. H. JOHNSTON, 2 parts, Calcutta 1935, 1936 (Panjab University Oriental Pub. 31, 32).

म.नि. मज्झिमनिकाय, वि.वि.वि., इगतपुरी,1998.

म.नी. महारहनीति, प्रस्तुत संस्करण: देखें महा.6.

म.पु. Matsyapurāṇa, Pune 1907. (Ānandāśrama saṃskṛta granthāvali 54).

मनु. The Manusmṛti with the commentary Manvarthamuktāvali of Kullūlka, 10th ed., Ed. Nārāyaṇ Ram Āchārya "Kāvyatīrtha", Bombay 1946.

महा. 1 Mahā-Sīlavaṃsa, Mahārahanīti kyam, with nissaya of 'Oṅ mre bhuṃ caṃ 'ut kyoṅ charā to [Cakkindābhisiri], 163 pp., Rangoon, The Sun Press, 1915. [British Library, London: 014098a.12/1; S 292]

महा. 2 Arhaṅ Mahā-Sīlavaṃsa, Mahārahanīti pāṭh nissaya, ed. Ū Bha Raṅ, 112 pp., Rangoon, Haṃsāvatī piṭakat Press 1929, reprint Rangoon 1949 [Seminar für Indologie und Buddhismuskunde of the University of Göttingen: Zb 670, 921]

महा. 3 Mahārahanīti, palm-leaf ms. in the Toṅkvaṅ tuik monastery, Mandalay: Moṅ Taṅ 1956,

	no. 124 (45 leaves: bhai-ru, 8-9 lines, complete text with nissaya, dated 1196 B.E./ 1834 A.D.) [microfilm in Seminar für Indologie und Buddhismuskunde of the University of Göttingen: XB 342]
महा. 4	Mahārahanīti, palm-leaf ms. in National Library Rangoon: cat no. 55 [microfilm in Seminar für Indologie und Buddhismuskunde of the University of Göttingen: XB 159]
महा. 5	Mahārahanīti, palm-leaf ms. in National Library Rangoon: cat no. 1008 [microfilm in Seminar für Indologie und Buddhismuskunde of the University of Göttingen: XB 159]
महा. 6	Mahārahanīti as edited in BECHERT, Heinz and BRAUN, Heinz Pāli Nīti Texts of Burma. pp. 99-131, see also pp. lvii-lix, lxviii-lxxv, lxxix.
महा.सु.सं.	Mahā-subhāṣita-saṃgrahaḥ. Vols.I-IV Ed. by L. STERNBACH. (1974-1980), Vol. V Ed. by K.V. SHARMA (1981), VI and VII Ed. by S. Bhaskaran NAIR (1987-1999), and Vol. VIII Ed. by Indra Dutt UNIYAL (2007). Hoshiarpur: Vishveshvaranand Vedic Research Institute.
महाभा.	The Mahābhārata; Ed. V.S. SUKTHANKAR et al., 19 vols., Poona 1933-1966.
मा.हि.को.	मानक हिन्दी कोश (खण्ड 1-5). रामचन्द्र वर्मा (संपा.) (2006-2007). प्रयाग हिन्दी साहित्य सम्मेलन.

मि.प. मिलिन्दपञ्ह, वि.वि.वि., इगतपुरी,1998.
लो.नी. लोकनीति, देखें बेज्हर्ट और ब्राउन 1981 और कुमार 2015.
वि.पि. विनय पिटक, वि.वि.वि., इगतपुरी,1998.
वि.पु. Vishnu Purāṇa. Mumbai: Venkateshvara Steam Press, 1910. See http://gretil.sub.-unigoettingen.de/gretil/1_sanskr/3_purana/-visnup_r.txt.
वि.म. विसुद्धिमग्ग, वि.वि.वि., इगतपुरी,1998.
व्यास. व्यासकारय.http://www.dsbcproject.org/canon-text/titles/व्यासकारय/व्यासकारय.देखें ष्टेर्णबाख्, 1967-68.
व्यास.सु.सं. देखें ष्टेर्णबाख् 1969.
शतक.सु.सं. Śatakatrayādi Subhāṣitasaṃgraha: The Epigrams Attributed to Bhartṛhari, Ed. D.D. KOSAMBI, Bombay 1948 (Siṃghi Jaina Granthamālā 23).
शार्ङ्ग.ध.प. Śārṅgadharapaddhati, The Paddhati of Sarngadhara, Ed. P. PETERSON, vol. 1, Bombay 1888 (Bombay Sanskrit Series 37).
सद्दनीति देखें स्मिथ 1928.
सा.वं. सासनवंस, देखें बोडे 1897.
सं.नि. संयुक्त निकाय, वि.वि.वि., इगतपुरी,1998.
सुबो. सुबोधालङ्कार, देखें अवस्थी 1973.
सु.नि. सुत्तनिपात, वि.वि.वि., इगतपुरी,1998.
सी.नी. Sīhalanīti, देखें बेज्हेर्ट 1980.
सु.अर्णव Subhāṣitārṇva, देखें बेज्हेर्ट और ब्राउन 1981: XXXII.
सु.र.भ. Subhāṣitaratnabhāṇḍāgāra, Ed. Nārāyaṇa Rāma ĀCĀRYA 'Kāvyatīrtha', Chaukhamba

	Sanskrit Pratisthan, Delhi. Re. 2011.
सु.रत्नाकर	Subhāṣitaratnākara, Ed. Kṛṣṇa ŚĀSTRI Bhāṭavaḍekar, Bombay 1872.
सु.वल्लभ.	The Subhāṣitāvalī of Vallabhadeva, Ed. P. PETERSON, Bombay 1886. 2nd ed., Poona 1961.
सु.सुद्धानिधि	Sāyaṇa's Subhāṣitasudhānidhi: An Anthology. Crit. Ed. with Introduction by K. KRISHNAMOORTHY, Dharwar 1968.
सूक्ति.र.हा.	The Sūktiratnahāra, Ed. Sāmbaśiva ŚĀSTRĪ, Trivandrum 1938.
हितो.का.	The Hitopadeśa of Nārāyaṇa, Ed. M. R. KALE, Delhi 1967.
हितो.ज.	Hitopadeśa, Ed. F. JOHNSON, Hartford London 1864.
हितो.पे.	Hitopadeśa by Nārāyaṇa, Ed. P. PETERSON, Bombay 1887 (Bombay Sanskrit Series 33).

शब्दकोश

पालिकोससंगहो: अभिधानप्पदीपिका व एकक्खरकोस. देखें अभि.दी

पालि–हिन्दी शब्दकोश. देखें पा.हि.को.

मानक हिन्दी कोश. देखें मा.हि.को.

हिन्दू धर्मकोश. देखें पाण्डेय 2014.

सॉफ्टवेयर/ वेबसाइट

छ.सं.	Chaṭṭha Saṅgāyana Tipitaka Version 4.0 (CST4) [Computer software]. Retrieved from http://www.tipitaka.org/cst4
छं.भ.	छंद–भंग (unmetrical)

अन्य

कौसल्यायन	भदन्त आनन्द कौसल्लायन (1985)
त्रि	त्रिलिंग
पा.नी.सा.	पालि नीति साहित्य
पु.	पुल्लिंग
स्त्री.	स्त्रीलिंग
सं.	संख्या
समा.	समानान्तर
वि.वि.वि.	विपश्यना विशोधन विन्यास, इगतपुरी
ज.पा.टे.सो.	JPTS, Journal of the Pali Text Society, London
n.d.	No date of publication given
+	में जोड़ा हुआ
–	में नही हैं

संदर्भ सूची

(यूरोपीय तथा बर्मी लेखकों के नाम का देवनागरी लिप्यंतरण उनके नाम के मौलिक उच्चारण के अनुसार देने का प्रयास किया गया है। बहुत बार यह देवनागरी में ज्ञात प्रयोग से अलग है। यदि पाठकों को विदेशी लेखकों के नाम के देवनागरी पाठ में असहजता महसूस हो तो कृपया रोमन में दिये गये नामों का अनुसरण करें। संदर्भ सूची में प्रयुक्त लेखकों के कुलनाम (surname)/मध्यनाम (middle name) अंग्रेजी के वर्ण-क्रम के आधार पर हैं।)

अवस्थी, ब्रह्ममित्र.

AVASTHI, Brahmamitra.

(1973). *बौद्धालंकार-शास्त्रम्*. दिल्ली: श्री लालबहादुर शास्त्री केन्द्रीय संस्कृत विद्यापीठ.

बेज्हर्ट, हाइन्ज़.

BECHERT, Heinz.

(1979a). On the Nītiśastraviniścaya, a Subhāṣitasaṃgraha from Sri Lanka. *Indologica Taurinensia: Dr. Ludwik Sternbach Felicitation Volume*, 7, 83-92.

(1979b). Sanskrit Subhāṣitas Quoted in Classical Siṁhala Literature. In J. P. Sinha (Ed.), *Ludwik Sternbach Felicitation Volume*. Lucknow: Akhila Bhartiya Sanskrit Parishad, Vol. I, 239-246.

(1980). Sīhalanīti: Ein Ceylonesisches Sanskrit-Werk in Birmanischer Tradition. In D. Donnet (Hrsg.), Indianisme et Bouddhisme: Mélanges offerts à Mgr Étienne Lamotte. Publications de l'Institut orientaliste de Louvain 23, 19-31.

(1991). On Nīti Literature in Burma and Sri Lanka. *Sri Lanka Journal of Buddhist Studies*, 3, 105-113.

बेज्हर्ट, हाइन्ज़ और ब्राउन, हाइन्ज़.

BECHERT, Heinz, & BRAUN, Heinz.

(1981). *Pāli Nīti Texts of Burma: Dhammanīti, Lokanīti, Mahārahanīti, Rājanīti*. (Eds.). Text Series No. 171. London: PTS.

बोडे, माबेल हेन्स.

BODE, Mabel Haynes.

(1897). *Sāsanavaṃsa*. (Ed.). London: PTS.

(1909). *The Pāli Literature of Burma*. London: Royal Asiatic Society.

ब्राउन, हाइन्ज़.

BRAUN, Heinz.

(1975). *Dhammanīti und Mahārahanīti, Zwei Texte der Spruchliterature aus Birma*. Dissertation, zur Erlangung des Doktorgrades der Philosophischen Fakultät. Göttingen: der Georg-August-Universitaät.

चौधरी, अंगराज.

CHAUDHARI, Angraj.

(2018). नीति-साहित्य में प्रयुक्त एक ही शब्द का अनुवाद किस तरह किया जाय कि गाथा का अर्थ हिन्दी में सुस्पष्ट हो. *पालि-चाणक्यनीति : देवनागरी संस्करण एवं हिन्दी अनुवाद*. अनु.

तथा संपादक उज्ज्वल कुमार. पृ. 45-51. नई–दिल्ली: आदित्य प्रकाशन.

गायगर, विल्हेम.

GEIGER, Wilhelm.

(1925). *Cūlavaṃsa: Being the more recent part of the Mahāvaṃsa*. Vol. 1. Ed. London: PTS.

ग्रे, जेम्स.

GRAY, James.

(1886). *Ancient Proverbs and Maxims from Burmese Sources; Or, The Nīti Literature of Burma*. London: Trübner & Co.

जैन, भागचन्द्र भास्कर

JAIN, Bhagchandra Bhaskar

(1974). *पालिकोससंगहो: अभिधानप्पदीपिका व एकक्खरकोस*. (संपा.) नागपुर: आलोक प्रकाशन.

(2016). *पालि भाषा और साहित्य का इतिहास*. नागपुर: सन्मति प्राच्य शोध संस्थान.

कौसल्यायन, भदन्त आनन्द.

KAUSALYĀYANA, Bhadanta Ānanda

(1985). जातक (खण्ड I-VI). (अनु.). इलाहाबाद: हिन्दी साहित्य सम्मेलन.

कुमार, उज्ज्वल.

KUMAR, Ujjwal.

(2014a). Cāṇakyanīti-Pāḷi (CnP): A Pāli Translation of Sanskrit Cāṇakya-sāra-saṃgraha. *Journal of Buddhist Studies*. Ed. by Bhikkhu K. L. DHAMMAJOTI. Vol. XII, 2014, 275-297. Centre for Buddhist Studies, Sri

Lanka and The Buddha-Dharma Centre of Hong Kong.

(2014b). धम्मनीति: एक परिचय. *Dharmadoot*. Ed. Bimalendra KUMAR. Vol. 80, September 2014, 213-224. Special Volume on 150th Birth Anniverary of Anagarika Dharmapala. Sarnath: Maha Bodhi Society of India.

(2015a). *लोकनीति: देवनागरी संस्करण एवं हिन्दी अनुवाद*. नई दिल्ली: आदित्य प्रकाशन.

(2015b). धम्मनीति: पालि पाठ. *Pāli-Vimarśa*. Eds. Bimalendra KUMAR and Ramesh PRASAD. 60-102. Sarnath-Varanasi: Maha Bodhi Society of India and Bharti Prakashan.

(2016a). महारहनीति: एक परिचय. *Dharmadoot*. Ed. Bimalendra KUMAR. Vol. 82, 223-255. Sarnath: Maha Bodhi Society of India.

(2016b). पालि नीति साहित्य एक परिचय. *Śramaṇadharma-vimarśa: Different Aspects of Buddhisim* (In Honour of Prof. N. H. Samtani). Eds. Dharmachanda JAIN and Lalji 'SHRAVAK'. 9-26. Delhi: B. R. Publishing Corporation.

(2018). *पालि–चाण्कयनीति: देवनागरी संस्करण एवं हिन्दी अनुवाद*. नई दिल्ली: आदित्य प्रकाशन.

ला, विमल चरण.

LAW, Bimal Churn

(2000). *A History of Pāli Literature*. Varanasi: Indica. 1st Pub. 1933 in two vols.

पाण्डेय, राजबली.

PANDEY, Rajabali.

(2014). *हिन्दू धर्मकोश.* चतुर्थ संस्करण. लखनऊ: उत्तर प्रदेश हिन्दी संस्थान. प्रथम संस्करण 1978.

प्रसाद, रमेश.

PRASHAD, Ramesh.

(2016). पालि साहित्य में अनुवाद की समस्या. *Śramaṇadharma-vimarśa: Different Aspects of Buddhisim* (In Honour of Prof. N. H. Samtani). Ed. by Dharmachanda JAIN and Lalji 'SHRAVAK'. 201-207. Delhi: B. R. Publishing Corporation.

स्मिथ्, हेल्मेर.

SMITH, Helmer.

(1928). *Saddanīti: La Grammaire Palie D'Aggavaṃsa.* Vols. I-III. Oxford: PTS. Reprint 2001.

स्टर्नबाख़, लुड्विक.

STERNBACH, Ludwik.

(1962-1970). देखें चा.नी.शाखा.सम्प्र.

(1963a). The Pāli Lokanīti and the Burmese Nīti Kyan and Their Sources. *Bulletin of the School of Oriental and African Studies*, 26, 329-345.

(1963b). *Cāṇakya-Rāja-Nīti: Maxims on Rāja-Nīti.* Compiled from Various Collections of Maxims Attributed to Cāṇakya. Madras: The Adyar Library and Research Centre.

(1970-75). On the Reconstruction of some verses of the Narābharaṇa. *Ṛtam, Journal of Akhila Bharatiya*

Sanskrit Parishad 2-6 (Prof. K.A.S. Iyer Felicitation Volume), pp. 1-7.

(1971). Sāyaṇa's Subhāṣita-suddhānidhi and Sūryapaṇḍita's Subhāṣitaratnahāra. *Journal of the Gaganatha Jha Kendriya Sanskrit Vidyapeetha*. 27, pp. 167-260.

(1971-76). *The Kāvya-Potions in the kathā-Literature, and analysis*. 3 Vols. Delhi.

(1974). *Subhāṣita, Gnomic and Didactic Literature*. In J. Gonda (Ed.), A History of Indian Literature (Vol. 4). Wiesbaden.

त्रिपाठी, रामाशंकर.

TRIPĀṬHĪ, Rāmāśaṃkara

(1992). *अभिधम्मत्थसङ्गहो* (भाग 1-2). वाराणसी: सम्पूर्णानन्द संस्कृत विश्वविद्यालय.

उपाध्याय, भरत सिंह.

UPĀDHYĀYA, Bharata Siṃha

(1994). *पालि साहित्य का इतिहास*. (पंचम संस्करण). इलाहाबाद: हिंदी संस्थान. प्रथम संस्करण 1951.

Introduction

Among the *nīti* texts available in Pāli the following books can be included:

1. *Lokanīti* (Ln);
2. *Dhammanīti* (Dhn);
3. *Mahārahanīti* (Mhn);
4. *Rājanīti* (Rn);
5. *Sutavaḍḍhananīti* (Svn);
6. *Pāli-Cānakyanīti* (PCn);
7. *Gīhivinayasaṅgahanīti* (Gvsn);
8. *Kavidappananīti* (Kdn);
9. *Nītimanjari* (Nm);
10. *Suttantanīti* (Stn);
11. *Nāradakkhadīpani* (Ndd);
12. *Caturakkahdīpani* (Crd);
13. *Lokaneyyappakarana* (Lnp).

A brief introduction of principle *nīti* texts in Pāli is given in *Lokanīti: Devanāgarī Saṃsakaraṇa Evaṃ Hindi Anuvāda* (Kumar 2015, 1-56), Śramaṇadharma-vimarśa (Kumar 2016, 9-26) and *Pāli-Cānakyanīti: Devanāgarī Saṃsakaraṇa Evaṃ Hindi Anuvāda* (Kumar 2018, 23-44). Hence, to avoid repetition, detailed account of only the Mhn is given here.

Title

It seems that the title Mhn might have been given to the text on the basis of the first word of the first verse of the book, *mahāmahāraham sakyamunim nīvaraṇā-raṇā.* According to Heinz BECHERT and Heinz BRAUN (1981: lviii),

> "As for the title of *Mahārahanīti*, in stanza 3 the word *lokanīti* is found in a way to suggest that it was the original name of the book which was later replaced by the same *Mahārahanīti* derived from the first word of the work (Braun 1975: 26). This was probably done to avoid confusion of the text with the work now known as Lokanīti."

Though this is only an inference which may be right too, but the first verse, on the basis of which the author of Mhn has given the title, Mhn to the text, as Bechart and Braun pointed out, was not the composition of the author himself. The author of Mhn had taken the first verse from the *Saddanīti* (Dhātumālā II.559) the book of a Pāli grammar. Thus, we can say that the title of the work is given on the basis of a verse taken from the work *Saddanīti.*

Meanings

The word *mahāraha* has been used in various meanings in the Pāli Canons and their auxiliary texts (see *Therīgāthā* 343, *Apadāna* 1.2, *Buddhavaṃsa* 2.354). This word is made by a combination of two words: mahā + araha. The word *mahā* is an adjective, which can be used in the sense of 'big', 'huge' etc. The word, *araha* is also an adjective that means 'right', 'worthy', 'authoritative', 'venerable', 'proper' and 'useful'. According to the Buddhist tradition, the person who has destroyed the *āsravā*-s or mental defilements, who has crossed over the path of purity, who has become perfect, who has almost reached the state of the

Buddha, who has attained the state of higher mental purity than the noble non-adept states of being a stream-enterer, once-returner and non-returner (Pāli Hindi Dictionary I. I. 560) is called an *arahant*. Thus, the meaning of *mahāraha* (Sanskrit *mahārha*) can be, 'very venerable' or 'very worthy'.

The word, *nīti* is widely used in the Indian languages. This word has been used through various interpretations in Modern Indian languages apart from Sanskrit and Pāli. The word, *nīti* is derived from the root *ni* in both Sanskrit and Pāli. The meanings of the word *nīti* given in Sanskrit and Pāli dictionaries are, 'guidance', 'direction', 'organizing', 'practice', 'behavior', 'propriety', 'limit', 'moral practice', 'morality' etc. The word *nīti* appearing in the Pāli Grammar *Saddanīti* expresses, 'ordinance' or 'rule'. *Padarūpasiddhi*, another Pāli grammar text, explains the word *nīti* as derived from the root *ni* with the feminine suffix *ti* which means 'to carry', '*nīyati etāyāti vā nīti*'. In the form of a scripture, the word *nīti* refers an art that suggests the nature of conduct, manner of behavior, code of conduct regulated for social behavior, rules and customs regarding moral behavior, principles and doctrines established for the maintenance and security of governance, and cleverly carried out practices. In totality, *nīti* scripture is conjoined with mundane actions that introduce one to the pragmatism of the world. We can mark it as a science connected with secular doctrines/teachings. Aphorisms (*subhāṣita*), wise sayings (*sūkti*), proverbs (*lokokti*) etc. can also be included in *nīti*. Thus, Mhn may be attributed the meaning, "A Great Revered or an Excellent Book of Ethics."

Mahāraha and Mahāra

If we see from the point of view of phonetics, *mahāraha* can change into *mahāra*. The word *mahāra* can be made by the elision of the aspirate '*ha*'. Today we refer to a particular community by the word '*mahāra*' which has been residing in the state of Maharashtra and its borders. We can see the etymology of this word *mahāra* in Pāli literature. The word for Maharashtra in Pāli is *maharaṭṭha*. In Pāli after adding the cases and suffixes, we get forms like *maharaṭṭhaṃ* (*Samantapāsādikā* I.46, *Sāsanavaṃsa*, *Mahāvaṃsa*), *mhāraṭṭhaṃ nāma* (*Sāsanavaṃsa*), *mahāraṭṭhake* (*Samantapāsādikā*, *Sāsanavaṃsa*), *mahāraṭṭhako* (*Padarūpasiddhi*), *maharaṭṭhagāmavāsittheresu* (*Sāsanavaṃsa*), *mahāraṭṭhagāmavāsino* (*Sāsanavaṃsa*), etc. According to phonetics, *mahāraha* and *mahāraṭṭha* can change into *mahāra*. The historical background of this word dates back at least to the time of Asoka, the Maurya Emperor because just as the Theravāda tradition believes, Buddhism officially arrived in Maharashtra at the time of Asoka. This is notified in the Samantapāsādikā (I.48) as,

> mahādhammarakkhitatthero pana mahāraṭṭhaṃ gantvā mahānāradakassapakātakakathāya mahāraṭṭhe pasādetvā caturāsīti pāṇasahassāni maggaphalesu patiṭṭhāpesi. terasasahassāni pabbajiṃsu. evaṃ so tattha sāsanaṃ patiṭṭhāpesi.
>
> Having gone to Maharashtra, Mahādhammarakkhita Thera pleased the residents of Maharashtra and established 84,000 beings in the Path (and its) results. Thirteen thousand people were renounced. In this way he established the teachings of the Buddha there.

It can be definitely said, on the basis of this discussion, that the use of the word *mahāra* is from the Maurya period where it did not express a particular 'caste' or 'community' but was used in the sense of 'excellent'. The residents of a region are addressed by the same name of that region on the basis of geographical structure. Just as the residents of Punjab are called as 'Punjabi', people from Bengal are called as 'Bengali', residents of Gujarat are called 'Gujarati', so also the residents of Mahāraṭṭha can be called 'Mahāra'. It is ascertained that at least the initial use of the word *mahāra* was geographical and social, in that, the word *mahāra* was used to refer to a region and the residents of that region. When the word began to refer to a particular caste is a subject of a separate research.

Sources

It can be said after considering the sources of Mhn that this book is based on the ballads and verses from various texts. In the current edition sources of 163 verses out of 254 verses are determined whereas sources of 91 are not. Out of 163 verses whose sources are determined, 95 verses are from Sanskrit *nīti* texts and 68 are from texts of Pāli tradition. In the same way 217 verses out of 254 verses are found in the Dhn and 50 from the Ln texts. If we look at the Mhn with reference to Dhn, one thing that becomes absolutely clear is that the author of Mhn must have selected Dhn as the main source of compilation of his book. It seems that the author himself did not use the Sanskrit and Pāli sources which we have been able to determine as the sources of the verses. The author had already had Dhn in front of him and he composed his book on the basis of it. There is a detailed analysis of the sources of Mhn in Concordance (*anviti*) (p. 139-152) and if we look at it, one thing becomes clear that Dhn must have been available to the author of Mhn. That is why the number of verses parallel to Dhn is the highest (216). An analysis of the sources indicates that the *Jātaka*-s are referred to the most among Pāli sources. Next comes the *Theragāthā*. Some Pāli texts like *Saddanīti* (written by Aggavaṃsa from Arimaddana in Burma in 1154 CE), *Subodhālaṅkāra* (written by Saṅgharakkhita in Sri Lanka in the latter half of the 12th century), and the earliest Pāli dictionary the *Abhidhānappadīpikā* (ascribed to Moggallāna or Navamoggallāna of Sri Lanka in the late 12th century) which are not known to contain verses on *nīti*, are also used as sources. As far as marking the Sanskrit sources is concerned, sources of 97 verses have been located. The texts in the tradition of Cāṇakya are most widely used. Even though the sources of 91 verses are still not found, it can be said that there are a very few verses that could be recognized as the original creations of the author of Mhn. The way in which the authors of Pāli *nīti* texts have compiled their books on the basis of various Pāli and Sanskrit sources, indicates that these unmarked verses must also be based on one or the other Pāli or Sanskrit sources, even though we are not able to recognize them now.

Author and time

Not much information about the author and the time of the composition of Mhn is available. A short note about the author has been written in the 1929 edition of this text (BECHERT and BRAUN 1981: lvi-lix) according to which, the name of the author is Mahāsīlavaṃsa. He was born near Toṅ tvaṅ krī in the year sakkarāj 830 (1468 CE). A look at Mahāsīlavaṃsa's compositions indicates that king Dutiya-min-khaung or Sirisudhammarājādhipati (1470 CE) patronized him (cf. Bode 1909: 43). It is said about him that he had composed *Mahārahanīti-Nissaya* which was available in five manuscripts and which was lost for four hundred years. In one of the manuscripts 243 verses are collected and there is an epilogue which was written by Chakkindābhisiri in Ava. According to this epilogue, the Pāli verses were composed by Mahāsīlavaṃsa and *nissaya* by Chakkindābhisiri. The other four manuscripts also contain 243 verses but they do not have the epilogue. Mahāsīlavaṃsa is remembered for his compositions in the Burmese literature of 15th Century. His compositions contain information about the Burmese Atthayojanā of *Parāyaṇavatthu, Sumedhakathā, Buddhālaṃkāra, Pabbhantara, Nettipakaraṇa* (see Bode 1909: 43). But we do not get any information even from Bode's book that Mahāsīlavaṃsa could have also composed Mhn. Bechert and Braun think,

> "It is not improbable that the work was compiled by him or at least during his age but it is impossible to make a more definite statement because Mhn is not mentioned in the lists of his works available from other sources."

Even though there is no information about the author of Mhn in other sources, we can at least say according to the Burmese tradition that Mahāsīlavaṃsa is the author of it and the time of the book can be fixed at the 15th Century.

A question that can be raised after looking at the sources of Mhn is whether Mahāsīlavaṃsa should be called the author of Mhn or just a compiler of *nīti* verses. This question is necessary also because out of the 254 verses 216 verses are directly correspond to the verses in Dhn. Apart from these, there are many other verses are also not the creations of the author. As we can see in concordance, the author of Mhn has collected verses on *nīti* even from books like Saddanīti, *Subodhālaṃkāra, Abhidhānappadīpikā* etc. even though we have not been able to mark sources of all verses, it seems that the author of Mhn did not compose a single verse himself. He has composed this book by collecting verses from different sources. It is difficult to answer the question- what was the purpose of the author in composing a book by collecting data from Dhn and other sources but it seems that it was an attempt to present the contents of Dhn in brief.

Mahārahanīti, Dhammanīti and Lokanīti

After careful scrutiny of Mhn and Dhn, it becomes clear that the author of Mhn made extensive use of Dhn to compose his book. Out of the total 254 verses, 216 verses are either the same or appear to be inspired by the verses from Dhn. Many times even the sequence of the verses in both the books is same, e.g. Dhn 14-15 = Mhn 10-11, Dhn 36-17 = Mhn 24-25, Dhn 38-43 = Mhn 34-39, Dhn 46-48 = Mhn 53-55, Dhn 123-128 = Mhn 129-134, Dhn 272-282 = Mhn 164-167 etc. In three instances the sequence of the verses from Sanskrit and Pāli ballads is the same in Mhn and Dhn (see Dhn 167-168 = Mhn 200-201, Dhn 202-203 = Mhn 245-246, Dhn 205-206 = Mhn 252-253). The author has clearly made improvements in the sequence of the ballads and in the Palitization of Sanskrit verses in comparison to Dhn. Therefore, we can naturally reach at a conclusion that Mhn must have been composed after Dhn and the author must have used Dhn for his book. There are only four verses in Mhn and Ln that are same (see Mhn 4/ Ln 2, Mhn 74 / Ln 58, Mhn 178 **/ Ln** 122, Mhn 186 / Ln 130). After seeing this similarity we can come to a conclusion that being unacquainted with a compilation of any other book, the authors of Mhn and Ln must have used Dhn for the composition of their books.

Meter

The author of Mhn has mainly used the Siloka (Sanskrit shloka) meter of eight letters for his book. The tendency of the author to give importance to short meters is visible even in the transformation of Sanskrit verses. If we throw light on the 254 verses of Mhn, we see that 240 verses are set in the *Siloka* meter. Apart from this verse nos. 79, 80, 112, 163, 195, 196, 197, 207, 253, 254 are in Tiṭṭhubha (Sanskrit Triṣṭhubha), verse nos. 162, 208 in Jagati, verse no. 111 in Pahāsini (Sanskrit Prahārṣiṇī) and verse no. 206 in Vasantatilakā.

Subject Matter

The subject matter of Mhn is divided into five *kathā*-s. Of the first three verses, the author, bowing to the Great Capable Shakya Sage, calling the Buddha as one who is free from fetters, who is beyond and free from cravings, worships the Buddha. Then in the second verse the author says that the Buddha won over the wicked recluses because the world was filled with unrighteousness. In the third verse the author states the propriety of creating the book saying that the book was composed to win over the malicious people. This third verse contains the word Ln and it seems that the original name of the book was Ln but because there already existed a book of the same name the name of this book was changed to the present name Mhn on the basis of the first word of the first verse. Thus, the name of the book, the worship of the revered and the purpose of creation of the book are mentioned in the first three verses of the book.

After the first three verses, the author divided the rest of the book in five Chapters (Kathas). The Chapters are: 'Paṇḍitakathā, Sambhedakathā, Mitrakathā, Nāyakakathā, Itthikathā'. The author has used the word *kathā* for the division of the book into chapters which is not seen in the other Pāli Nīti Texts. Even in Ln, the book prior to Mhn, the division of the book is into *kaṇḍa*-s. There is no word used for the division in Dhn. The author of Mhn must have had books like *Milindapañha* before him in which the division is in Kathā as, 'Bāhirakathā', 'Opammakathā' etc. As far as the use of the word *kathā* is concerned, the great sage Gautama had used the word in a Technical sense in the Nyāya Philosophy. Gautama, the sage had classified *kathā* in three parts, namely, 'vāda', 'jalpa', and 'vitaṇḍa'. The meaning of 'vāda' is to arrive at the truth, the meaning of 'jalpa' is wangling and 'vitaṇḍa' is used in the sense of irrational discussion (न्याय दर्शन महर्षि गौतम Translation in Bengali by Phanibhushan Tarkavagish, 1981, kalokata: West Bengal State Books assembly).

The first chapter of Mhn is *Paṇḍitakathā*. There is a collection of 77 verses (verses 4 to 80) in this chapter. *Paṇḍitakathā* begins with an explanation of the importance of *nīti* in the lives of humans. Nīti-s are described as 'the essence of beings', 'a friend', 'a teacher' and 'like a father', and an ethical person is called as 'having good intellect', 'prudent' and 'one who can perceive or understand things of welfare'. The whole subject matter of *Paṇḍitakathā* is not centered around one subject; the author has freely included other topics in it. For instance, there is discussion about sweet speech (Mhn 7, 8), eloquent speech, harm in over speaking (Mhn 11), subject related to carelessness (Mhn 14, 15), who is really wise (Mhn 16), Donator (Mhn 17), who is worshipped everywhere (Mhn 17), for whom no one is a stranger (Mhn 18), who does not cross limits (Mhn 21) etc.

The second chapter of the book is *Sambhedakathā.* The verses included in this chapter are verses from 81 to 112. The chapter begins with a description of how the day of an intelligent and evil man starts. Elements of grief and fear do not cause sorrow to a wise man, the science that suppresses pride and that subdues a person can produce pride in a wicked man (Mhn 85), Even a trifling done by the virtuous is indelible like a mark on a hard rock (Mhn 86), the wealth of righteous people, even though less, is worthy of usage like the water of a well (Mhn 87) etc. are explained with beautiful similes. In the answer of the question, who is the strongest, it is said that lion is the strongest among animals with legs, the ant is the strongest among insects, a king is strongest among men and death is the strongest of them all (Mhn 90). While answering the question, which people remain devoid of scientific knowledge, it is said that 'one who sleeps more, enjoying sexual pleasures, desirous of happiness, voluptuous, idle, ... and busy in actions, these seven kinds of people remain devoid of learning (M. N.93). Thus, the author has collected Niti verses on different subjects in the second chapter.

The third chapter of the book is *Mitrakathā.* It contains verses from 113 to 163. The chapter begins with a description of foolish person even though the name of the chapter indicates 'a friend'. Though the chapter contains 51 verses in all, only 16 verses discuss about a friend and things related to friends. Basically the issues regarding fools, wicked and friends are included in this chapter. Therefore, we can say that the name of the chapter is not appropriate as far as the subject matter is concerned. It would have been better had the author divided the verses accordingly in theses three subjects. It seems that the author had to make such an inappropriate division due to the compulsion of dividing the entire book into just five parts.

The fourth chapter of Mhn is *Nāyakakathā.* A general meaning of the word *nāyaka* could be 'a person who governs people according to his own order', e.g. a social or political leader, a king, master etc. This chapter consists of 34 verses from 164 to 197. While explaining 'how a country becomes prosperous and weak' it is said in the beginning of the chapter that when a farmer, a merchant, a minister and a virtuous wise recluse are all prosperous then the nation also becomes prosperous (Mhn 164), and the nation becomes weak when they (i.e. a farmer, a merchant, a minister and a virtuous wise recluse) become weak (Mhn 165). This chapter throws light on how a king should rule over his kingdom, how should a king implement a tax and on such other issues related to a king.

The fifth and last chapter of Mhn is *Itthikathā.* There are 56 verses in this chapter. It may appear from the name of the chapter that matters related to only women would be discussed in this chapter, but in reality, only 23 verses (198- 219, 229-230) are such that are related to women in some way or the other. The remaining verses (220-228, 231-254) are related to various subjects. It seems that the author has not classified the subject matter properly according to the name of this chapter. In this chapter also the analysis of women is carried out in the well known typically masculine mentality. We can grasp this with a few illustrations. The first verse of *Itthikathā* calls a woman deceptive/illusory and cautions us not to deliberate with a woman in solitude without being cautious even if the woman is a mother, a sister or a daughter (Mhn 198). While describing the sexual enjoyments of women, a verse from the Pali Kunala Jātaka is quoted with the explanation that 'if every woman had eight husbands who are brave, strong and fulfilling all desires, even then she desires a ninth one (because her sexual) desires are never fulfilled' (Mhn 201). While explaining the fickleness of women it is told that 'they talk to someone, look at someone else with bodily gestures and think about yet another in their minds' (Mhn 202). Therefore, 'even if a man with a thousand tongues, lives for a hundred years and talks with great effort, can the description of the vices of women be over?', of course not. Women are classified into fire, water, fools, snakes and royal people in this chapter and it is said that one should deliberately stay away from them because all of them can take away your life in an instant (Mhn 203). Similarly, women are grouped with wicked men, poison, animals with horns, diseases, rivers and royal family as all these cannot be trusted (Mhn 204). The wise call trust in a young woman as the door to death (Mhn 207). While explaining how difficult it is to trust women with a simile it is said that 'one who believes in women completely, could obstruct the wind with a net, overturn an ocean with one hand or clap with one hand' (Mhn 208).

Editions and original sources

The present *Devanāgarī* edition is prepared on the basis of *Pāli Nīti Texts of Burma: Lokanīti, Dhammanīti, Mahārahanīti, Rājnīti* (PNTB) published by Pali Texts Society, London and edited by Heinz Bechert and Heinz Braun in 1981. Initially, Heinz Braun had submitted his

PhD thesis on *Mahārahanīti* and *Dhammanīti* to the Gottingen University, Germany in 1975 (see Braun 1975). I have also reviewed the PhD Thesis of Braun to prepare the present Devanāgarī Edition. Besides this, the online edition of Chattha Saṅgāyana was also utilized. Other editions of Mhn (see Mhn 1 and Mhn 2) whose usage and variant readings are provided by Bechert and Braun (1981) in PNTB were also used while preparing the current edition. The variant readings of Chattha Saṅgāyana are mentioned in the footnotes for the benefit of the readers. Though this entire Devanāgarī edition is based on the Romanized edition of Bechert and Braun (1981), difference of opinions are also mentioned in some places. Texts like *Jātaka-Aṭṭhakathā*, *Cūlavaṃsa* etc. were also used in determining the correct readings.

In the present edition, the original sources of the verses in the Mhn are marked wherever possible. Where there is a Sanskrit verse as the source for the Pāli verse, the original Sanskrit verse is provided at the appropriate place. Besides the recognition of the sources of Pāli verses done by Bechert and Braun (1981) and other predecessors of Mhn, recognition of some new verses is also done here. In some other places where Bechert and Braun have made a fault in recognizing a source, the error has been corrected and an attempt has been made to provide a correct source. Even then there are many verses whose sources cannot be found. But I think there are hardly any verses in this book that are composed by the author himself. This book basically is a collection based on Dhn and other books.

Hindi Translation

As far as the Hindi translation of the verses is concerned, the question how close should be the translation to the original needs to be considered. If we look at the initial Hindi translations of the Pali Canons and their consequent books, it becomes clear that many Pāli words are kept as they are, due to which the meanings of those Pāli words does not become clear. To some extent, because Pāli, Sanskrit, Prakrit, Hindi and other languages belong to the same language family, a problem like this comes up and such a problem is even more frequent in Pāli Nīti Literature because many times direct Paliisation of the original Sanskrit verses is done. Especially in Mhn a blind imitation of a Sanskrit source is done as a result of which subjects related to the Brahmanic culture have also found a place here. Therefore, it is a difficult task to translate such verses in the Buddhist context. As far as possible, it has been attempted to perceive and translate such verses only in the Buddhist perspective. For example, verse no. 28 of Mhn ('अत्ता बन्धु मनुस्सानं, रिपु अत्ता व जन्तुनं/ अत्ता व नियतो ञाति, अत्ता व नियतो रिपु//') can be seen which is an echo alone of a verse from the Mahabharata 13.6.27 ('आत्मैव ह्यात्मनो बन्धुरात्मैव रिपुरात्मनः/ आत्मैव आत्मनः साक्षी कृतस्याप्यकृतस्य//'). Therefore, the word 'अत्ता' should be translated as 'soul' ('आत्मा') but keeping the Buddhist perspective in mind, I have translated it as 'own'. Similarly, some such examples can be seen in the book. As we know, Pāli *nīti* texts represents the latter period of that literary tradition of Burma when the Sanskrit and Burmese impact on Pāli was the highest. That is why, while translating into Hindi, not only Sanskrit based Pali words but also Burmese based Pali words were a cause of difficulty. I have selected Hindi words on the basis of my own understanding and discernment in the sequence of the translation of such words. There are some verses in which the same word appears again and again but the context is changed. Therefore, wherever there are words with multiple meanings, all the meanings are given there to make it clear. Few verses have words with singular meaning where only the single meaning is used.

विषय प्रवेश

पालि भाषा में उपलब्ध नीति ग्रन्थों में निम्नलिखित नीति-ग्रन्थों को रखा जा सकता है-

1. *लोकनीति*
2. *धम्मनीति*
3. *महारहनीति*
4. *राजनीति*
5. *सुतवड्ढननीति*
6. *चाणक्यनीति*
7. *गिहिविनयसङ्गहनीति*
8. *कविदप्पणनीति*
9. *नीतिमञ्जरी*
10. *सुत्तन्तनीति*
11. *नरदक्खदीपनी*
12. *चतुरक्खदीपनी*
13. *लोकनेय्यप्पकरण*

प्रमुख पालि नीति ग्रन्थों का संक्षिप्त परिचय *लोकनीति : देवनागरी संस्करण एवं हिन्दी अनुवाद* (कुमार 2015: 1-56), *श्रमणधर्म-विमर्श* (कुमार 2016: 9-26) और *पालि-चाणक्यनीति : देवनागरी संस्करण एवं हिन्दी अनुवाद* (कुमार 2018: 23-44) में दिया गया है। विषय के पुनरावृत्ति से बचने के लिए यहाँ पर सीधे *महारहनीति* का विस्तृत विवरण दिया जा रहा है।

1. शीर्षक

ऐसा प्रतीत होता है कि ग्रन्थ का नाम *महारहनीति* इस ग्रन्थ में आये प्रथम गाथा के प्रथम शब्द के आधार पर रखा गया होगा।[1] बेज्हर्ट और ब्राउन (1981: lviii) का मत है कि "जहां तक इस ग्रन्थ के शीर्षक की बात है, तीसरी गाथा में *लोकनीति* शब्द मिलता है *[तथा तथागतोवादा, नुगायं लोकनीतियं]* जो एक तरह से संकेत है कि मूल में ग्रन्थ का यही नाम था जो आगे चलकर इस ग्रन्थ के प्रथम शब्द के आधार पर *महारहनीति* कर दिया गया। संभवतः ऐसा [चतुरङ्गबल द्वारा रचित] *लोकनीति* के नाम से जो ग्रन्थ अभी जाना जाता है उस भ्रम से बचने के लिए किया गया होगा।"[2] यद्यपि यह सिर्फ अनुमान है और जो शायद सही भी हो, लेकिन जिस प्रथम गाथा के आधार पर महारहनीतिकार ने ग्रन्थ का नाम *महारहनीति* रखा है, जैसा कि बेज्हर्ट और ब्राउन का मानना है, वह ग्रन्थकार की अपनी रचना नहीं है। ग्रन्थ की प्रथम गाथा को महारहनीतिकार ने पालि व्याकरण ग्रन्थ *सद्दनीति* (धातुमाला II.559) से लिया है। इस प्रकार हम कह सकते हैं कि ग्रन्थ का नाम *सद्दनीति* से ली गयी गाथा के आधार पर रखा गया है।

2. अर्थ

पालि तिपिटक तथा उसके आनुषङ्गिक ग्रन्थों में 'महारह' शब्द का प्रयोग विभिन्न अर्थों में मिलता है (देखें थेरीगाथा 343, अपदान 1.2, बुद्धवंस 2.354)। यह शब्द दो शब्दों के योग से बना है- महा+अरह। यहाँ पर 'महा' शब्द विशेषण है। जिसका अर्थ 'बड़ा', 'महान्' आदि

---

1 महामहारहं सक्य मुनिं नीवरणा-रणा। महारहनीति 1

2 As for the title of Mahārahanīti, in stanza 3 the word *lokanīti* is found in a way to suggest that it was the original name of the book which was later replaced by the name Mahārahanīti derived from the first word of the work (Braun 1975, p. 26). This was probably done to avoid confusion of the text with the work now known as Lokanīti.

है। 'अरह' [अर्ह] शब्द भी विशेषण है, जिसका अर्थ 'योग्य', 'पात्र', 'अधिकारी', 'आदरणीय', 'उचित', 'उपयुक्त' किया जा सकता है। बौद्ध-परम्परा के अनुसार आस्रवों या चित्तमलों को पूरी तरह नष्ट कर चुका वह साधक, जिसने विशुद्धि के मार्ग को पार कर लिया है, जो अशैक्ष्य हो चुका है, लगभग बुद्धत्व की स्थिति तक पहुँच चुका है, स्रोतापन्न, सकृदागामी एवं अनागामी नामक तीन शैक्ष्य आर्य पुद्गलों की स्थिति से ऊपर वाली मानसिक विशुद्धि को पा चुका हो (पा.हि.को. I.I.560) को 'अरह' कहा गया है। इस प्रकार 'महारह' [महार्ह] का अर्थ बड़ा आदरणीय या बड़ा योग्य कर सकते हैं।

भारतीय भाषाओं में 'नीति' शब्द एक प्रचलित शब्द है। संस्कृत-पालि से लेकर आधुनिक भारतीय भाषाओं में इस शब्द का प्रयोग विभिन्न अर्थों में किया जाता रहा है। 'नीति' शब्द संस्कृत और पालि दोनों भाषाओं में प्रयुक्त 'नी' धातु से निष्पन्न है। संस्कृत तथा पालि शब्द-कोशों में 'नीति' शब्द का अर्थ 'मार्गदर्शन', 'दिशा', 'प्रबंधन', 'आच-रण', 'व्यवहार', 'औचित्य', 'मर्यादा', 'नैतिक आचरण', 'नैतिकता' आदि दिया गया है। पालि व्याकरण *सद्दनीति* में आये 'नीति' शब्द 'विधि' या 'नियम' को बतलाता है। *पदरूपसिद्धि* (599), 'नीति' शब्द को 'नी' धातु से स्त्रीवाचक 'ति' प्रत्यय से निष्पन्न बतलाता है, जिसका अर्थ है 'ले जाना', *'नीयति एतायाति वा नीति'*। एक शास्त्र के रूप में 'नीति' शब्द ऐसे शास्त्र को बतलाता है जो व्यवहार का ढंग, बर्ताव का तरीका, लोक व्यवहार हेतु नियत किया गया आचार, सदाचार-व्यवहार आदि के नियम और रीतियाँ, शासन की रक्षा एवं व्यवस्था हेतु स्थिर किए गए तत्त्व एवं सिद्धांत और चातुर्य से किये जाने वाले आचरण को इंगित करता है। कुल मिलाकर नीति शास्त्र का सम्बन्ध सांसारिक क्रिया कलाप से है जो संसार की व्यावहारिकता से परिचय कराता हो। हम इसे धर्मनिरपेक्ष शिक्षाओं से जुड़े हुये शास्त्र के रूप में चिह्नित कर सकते हैं। नीतिशास्त्र के अन्तर्गत सुभाषित, सूक्ति, लोकोक्ति आदि का भी समावेश किया जा सकता है। इस प्रकार *महारहनीति* का अर्थ 'बड़ा

आदरणीय या श्रेष्ठ नीति ग्रन्थ' किया जा सकता है।

3. महारह और महार

ध्वनि विज्ञान की दृष्टि से देखें तो 'महारह' का 'महार' बनना सम्भव है। प्राण–ध्वनि 'ह' का लोप होकर 'महार' शब्द बनाया जा सकता है। आज हम 'महार' शब्द से एक जाति विशेष को चिह्नित करते हैं जो महाराष्ट्र और उसके सीमावर्ती इलाकों में रहते आये हैं। इस 'महार' शब्द की उत्पत्ति को पालि–साहित्य में देख सकते हैं। पालि में महाराष्ट्र के लिए जो शब्द आया है वो है 'महारट्ठ'। विभक्ति और प्रत्ययों को जोड़ने पर बना शब्द 'महारट्ठं' (समन्तपासादिका 1.46, सासनवंस, महावंस), 'महारट्ठंनाम' (सासनवंस), 'महारट्ठके' (समन्तपासादिका, सासनवंस), 'महारट्ठको' (पदरूपसिद्धि), 'महारट्ठगामवासित्थेरेसु' (सा–सनवंस), 'महारट्ठगामवासिनो' (सासनवंस), 'महारट्ठगामवासीसु' (सास-नवंस), 'महारट्ठमिसी' (महावंस), 'महारट्ठमेव' (सासनवंस), 'महारट्ठ–वासीहि' (सासनवंस), 'महारट्ठसासनवंसकथामग्गो' (सासनवंस) आदि पालि में मिलता है। 'महारट्ठ' का 'महार' हो जाना या 'महारह' का 'महार' हो जाना ध्वनि–विज्ञान की दृष्टि से संभव है। इस शब्द की ऐतिहासिक पृष्ठभूमि कम–से–कम मौर्य सम्राट अशोक के समय तक जाती है क्योंकि आधिकारिक रूप से बौद्ध–धर्म का आगमन महाराष्ट्र में अशोक के समय में हुआ था जैसा कि थेरवाद परम्परा का मानना है। इसकी सूचना हमें *समन्तपासादिका* (I.48) में इस प्रकार मिलती है,

> "महाधम्मरक्खितत्थेरो पन महारट्ठं गन्त्वा महानारदकस्सपजातक–कथाय महारट्ठके पसादेत्वा चतुरासीति पाणसहस्सानि मग्गफलेसु पतिट्ठापेसि। तेरससहस्सानि पब्बजिंसु। एवं सो तत्थ सासनं पतिट्ठा–पेसि।"

> "महाधर्मरक्षित थेर ने महारट्ठ (महाराष्ट्र) जाकर महानारदकस्सप जातक कथा (के उपदेश) से महारट्ठ–वासी को संतुष्ट करके 84 हजार प्राणियों को मार्ग (और) फलों में स्थापित किया। तेरह–

> हजार लोग प्रव्रजित हुए। इस प्रकार उन्होंने वहाँ पर (बुद्ध)शासन की स्थापना की।"

इस चर्चा के आधार पर इतना तो निश्चित रूप से कहा जा सकता है कि 'महार' शब्द का प्रयोग मौर्य-कालीन है जहाँ यह किसी जाति व्यवस्था का द्योतक नहीं था अपितु श्रेष्ठ अर्थ में इंगित था। भौगोलिक प्रदेश के आधार पर वहां के रहने वाले निवासियों को उसी नाम से बुलाया जाता है। जैसे 'पंजाब' के लोगों को 'पंजाबी', 'बङ्गाल' के लोगों को 'बङ्गाली', 'गुजरात' के लोगों को 'गुजराती' कहा जाता है उसी प्रकार 'महारट्ठ' के लोगों को 'महार' कहा जा सकता है। इतना तो निश्चित है कि 'महार' शब्द का कम से कम प्रारंभिक प्रयोग भौगोलिक और सामाजिक था अर्थात् प्रदेश का नाम और उस प्रदेश में रहने वाले लोगों के नाम के लिए 'महार' शब्द का इस्तेमाल किया जाता था। 'महार' शब्द का प्रयोग जाति के अर्थ में कब से शुरू हुआ यह एक अलग शोध का विषय है।

4. स्रोत

महारहनीति के स्रोत को देखने पर यह कहा जा सकता है कि यह ग्रन्थ विभिन्न ग्रन्थों से ली गयी गाथाओं एवं श्लोकों पर आधारित है। प्रस्तुत संस्करण में *महारहनीति* की 254 गाथाओं में 163 का स्रोत चिह्नित किया गया है तथा 91 अचिह्नित हैं। जिन गाथाओं के स्रोत का पता चल पाया है उनमें 95 संस्कृत परम्परा के विभिन्न नीति परक ग्रन्थों से तथा 68 पालि परम्परा से सम्बन्धित ग्रन्थों से मिलते हैं। इसी प्रकार 254 गाथाओं में से 217 गाथाएं पालि के प्रमुख नीति ग्रन्थ *धम्मनीति* से तथा 50 गाथाएं *लोकनीति* से भी मिलती हैं। *धम्मनीति* को सामने रखकर यदि *महारहनीति* को देखा जाए तो एक बात जो बड़ी साफ-साफ प्रकट होती है वह यह है कि महारहनीतिकार ने अपने ग्रन्थ के संकलन का मुख्य स्रोत *धम्मनीति* को बनाया होगा। ऐसा प्रतीत होता है कि महारहनीतिकार ने स्वयं उन संस्कृत एवं पालि स्रोतों का प्रयोग नहीं

किया है जिन्हें हम गाथाओं के स्रोत के रूप में चिह्नित कर पाये हैं। महारहनीतिकार के समक्ष *धम्मनीति* पहले से मौजूद थी और उसी पर आधारित होकर महारहनीतिकार ने अपने ग्रन्थ की रचना की है। अन्विति (देखें इसी ग्रथ में पृष्ठ संख्या 139–152) में *महारहनीति* के स्रोतों का विस्तृत विश्लेषण किया गया है जिसे देखने से यह बात साफ हो जाती है कि महारहनीतिकार के समक्ष *धम्मनीति* अवश्य उपलब्ध रही होगी। यही कारण है कि *धम्मनीति* से समानांतर गाथाओं की संख्या अत्यधिक (लगभग 216) है। स्रोत के विश्लेषण से यह भी दिखता है कि पालि–स्रोतों में सबसे ज्यादा प्रयोग *जातक* का किया गया है। इसके उपरांत *थेरगाथा* का। *सद्दनीति*, *सुबोधालङ्कार*, *अभिधान-प्पदीपिका* जैसे कुछ ऐसे पालि ग्रन्थों का प्रयोग भी स्रोत के रूप में किया गया है जो नीति विषयक गाथाओं के लिए नहीं जाने जाते। जहाँ तक संस्कृत स्रोतों को चिह्नित करने की बात है तो 97 गाथाओं के स्रोत का पता चलता है। इनमें सबसे ज्यादा प्रयोग चाणक्य की परम्परा से जुड़े हुए ग्रन्थों का किया गया है। यद्यपि 91 गाथाओं के स्रोत की पहचान नहीं हो पायी है फिर भी इतना कहा जा सकता है कि इनमें बहुत कम गाथाएं ऐसी होंगी जो महारहनीतिकार की मौलिक रचना हो। जिस प्रकार से पालि नीतिकारों ने विभिन्न पालि एवं संस्कृत ग्रन्थों के आधार पर अपना संकलन तैयार किया है उससे ऐसा प्रतीत होता है कि ये अचिह्नित गाथाएं भी किसी न किसी पालि अथवा संस्कृत स्रोत पर आधारित रही होंगी भले ही हम आज उनकी पहचान नहीं कर पा रहे हैं।

5. रचनाकार एवं रचनाकाल

महारहनीति के रचनाकार एवं रचनाकाल के बारे में ज्यादा जानकारी नहीं मिलती है। *महारहनीति* के 1929 के संस्करण में महारहनीतिकार के बारे में एक संक्षिप्त टिप्पणी की गई है (बेज्हर्ट और ब्राउन 1981: lvii-lix) जिसके अनुसार ग्रन्थ के रचनाकार का नाम महासीलवंस (1453-1518) बतलाया जाता है। महासीलवंस का जन्म तोङ् त्वङ्

क्री (Toṅ tvaṅ krī) के नजदीक 830 सक्कराज में हुआ था। महासीलवंस की काव्य-रचना को देखते हुए अव (Ava) के राजा दुतिय-मिन्-खौङ्ग (Dutiya-min-khaung) या सिरिसुधम्मराजाधिपति (CE 1470) ने इन्हें अपना संरक्षण दिया (देखें बोडे 1909: 43)। इनके बारे में यह कहा जाता है कि इन्होंने *महारहनीतिपाठ-निस्सय* लिखा था जो पांच पाण्डुलिपियों के रूप में मौजूद था तथा चार सौ सालों तक गुम रहा। इनमें से एक पाण्डुलिपि में 243 गाथाएं संगृहीत है तथा उसमें एक उपसंहार भी मिलता है जिसे चक्किन्दाभिसिरि ने अव (Ava) में लिखा था। इस उपसंहार के अनुसार पालि गाथाएं महासीलवंस के द्वारा लिखी गई थीं और निस्सय चक्किन्दाभिसिरि के द्वारा। अन्य चार पाण्डुलिपियों में भी समान रूप से 243 गाथाएं मिलती हैं। लेकिन उनमें उपसंहार नहीं है। महासीलवंस को 15वीं शताब्दी के बर्मी साहित्य में अनेक रचनाओं के लिए याद किया जाता है। इनकी रचना में *सुमेधकथा, बुद्धालंकार, पब्बतब्भन्तर, नेत्तिपकरण* तथा *परायणवत्थु* की बर्मी *अत्थयोजना* के बारे में जानकारी प्राप्त होती है (देखें बोडे 1909: 43)। लेकिन महासीलवंस के द्वारा ही *महारहनीति* भी लिखी गयी होगी इस बारे में बोडे के ग्रन्थ से भी कोई सूचना नही मिलती है। बेज्हर्ट और ब्राउन (1981: lviii) का मानना है,

> "यह नामुमकिन नहीं है कि इस कार्य का संकलन सीलवंस के द्वारा किया गया होगा या कम से कम सीलवंस के समय में हुआ होगा, लेकिन हम पूरे दावे के साथ इस बात को नहीं कह सकते, क्योंकि *महारहनीति* का उल्लेख उनकी रचना के रूप में अन्य स्रोतों में नहीं हुआ है।"[3]

अन्य स्रोत में *महारहनीति* के रचनाकार के बारे में जानकारी नहीं होने

---

3 It is not improbable that the work was compiled by him or at least during his age, but it is impossible to make a more definite stateme-nt, because *Mahārahanīti* is not mentioned in the lists of his works available from other sources.

के बावजूद कम-से-कम बर्मी परम्परा के अनुसार हम महासीलवंस को *महारहनीति* का लेखक बता सकते हैं तथा इस ग्रन्थ का काल 15वीं शताब्दी का पूर्वार्द्ध निश्चित किया जा सकता है।

महारहनीति के स्रोत को देखकर महासीलवंस को ग्रन्थ का रचनाकार कहा जाए या नीति गाथाओं का संग्रहकर्ता यह प्रश्न किया जा सकता है। यह प्रश्न इसलिए भी बड़ा जरूरी है कि 254 गाथाओं के ग्रन्थ में 216 गाथाएं तो सीधे-सीधे *धम्मनीति* की गाथाओं से ही मिलती हैं। इसके अतिरिक्त भी बहुत सी ऐसी गाथाएं हैं जो महारहनीतिकार की अपनी रचना नहीं है। जैसा हम अन्विति में देख सकते हैं कि महारहनीतिकार ने *सद्दनीति, महावंस, अभिधानप्पदीपिका* आदि ग्रन्थों से भी नीति-परक गाथाओं का संकलन किया है। यद्यपि हम सभी गाथाओं के स्रोत को चिह्नित नहीं कर पाये हैं फिर भी ऐसा प्रतीत होता है कि महारहनीतिकार ने स्वयं एक भी गाथा की रचना नहीं की। उन्होंने इस ग्रन्थ को विभिन्न स्रोतों से गाथाएं एकत्र करके तैयार किया है। इस प्रश्न का उत्तर देना कठिन है कि महारहनीतिकार के द्वारा *धम्मनीति* एवं अन्य स्रोतों से सामग्री इकट्ठा कर ग्रन्थ के संकलन का क्या प्रयोजन था फिर भी ऐसा प्रतीत होता है कि *धम्मनीति* की विषय-वस्तु को संक्षेप में प्रस्तुत करने के लिए इस प्रकार का प्रयास किया गया होगा।

6. *महारहनीति, धम्मनीति तथा लोकनीति*

महारहनीति और *धम्मनीति* को देखने पर एक बात जो साफ हो जाती है वह यह है कि महारहनीतिकार ने अपने ग्रन्थ की रचना के लिए *धम्मनीति* का उपयोग किया है। *महारहनीति* की 254 गाथाओं में 216 गाथा *धम्मनीति* की गाथाओं से मिलती हैं या उससे प्रभावित प्रतीत होती हैं। कई बार दोनों ग्रन्थों की गाथाओं का क्रम भी एकसमान मिलता है, जैसे ध.नी. 14-15= म.नी. 10-11, ध.नी. 36-37= म.नी. 24-25, ध.नी. 38-43= म.नी. 34-39, ध.नी. 46-48= म.नी. 53-55, ध.नी. 123-128= म.नी. 129-134, ध.नी.

272-282= म.नी. 164-167 आदि। तीन मामलों में संस्कृत से लिये गये श्लोकों का और पालि से ली गयी गाथाओं का *धम्मनीति* और *महारहनीति* में समान अनुक्रम है (देखें. ध.नी. 167-168= म.नी. 200-201, ध.नी. 202-203= म.नी. 245-246, ध.नी. 205-206= म.नी. 252-253)। *महारहनीति* में *धम्मनीति* की तुलना में गाथाओं का क्रम तथा संस्कृत श्लोकों का पालिकरण में स्पष्ट रूप से महारहनीतिकार ने सुधार किया है। इसलिए हम स्वाभाविक रूप से इस निष्कर्ष पर पहुँच सकते हैं कि *महारहनीति* की रचना *धम्मनीति* के बाद हुई होगी और महारहनीतिकार ने *धम्मनीति* का उपयोग अपने ग्रन्थ के लिए किया होगा। *महारहनीति* और *लोकनीति* की गाथाओं में केवल चार गाथाएं ही (देखें. म.नी. 4/ लो.नी. 2, म.नी.74/ लो.नी. 58, म.नी. 178/ लो.नी. 122, म.नी. 186/ लो.नी. 130) समान रूप से पायी जाती हैं। इस समानता को देखते हुए हम यह निष्कर्ष निकाल सकते हैं कि एक दूसरे के ग्रन्थ के संकलन से अपरिचित होने के कारण महारहनीतिकार और लोकनीतिकार दोनों ने *धम्मनीति* का उपयोग अपने संग्रह के लिए किया होगा।

7. छंद

महारहनीतिकार ने अपनी रचना हेतु मुख्य रूप से आठ अक्षरों वाले *सिलोक*[4] (संस्कृत *श्लोक*) छंद का चुनाव किया है। छोटे छंद को प्रधानता देने की ग्रन्थकार की प्रवृत्ति संस्कृत सुभाषितों के रूपांतरण में भी दृष्टिगोचर होती है। *महारहनीति* की 254 गाथाओं पर छंद की दृष्टि से प्रकाश डालने पर हम पाते हैं कि 240 गाथाएं *सिलोक-छंद* में हैं। इसके अतिरिक्त *तिट्ठुभ* (संस्कृत *त्रिष्टुभ*) में गाथा सं. 79, 80, 112,

---

[4] इस छन्द को अनुट्ठुभ (संस्कृत अनुष्टुप) भी कहते हैं। इसके प्रत्येक चरण में आठ वर्ण होते हैं। पहले चार वर्ण किसी भी मात्रा के हो सकते हैं। छठा वर्ण गुरु और पाँचवाँ लघु होता है। सम चरणों में सातवाँ वर्ण ह्रस्व और विषम चरणों में गुरु होता है।

163, 195, 196, 197, 207, 253, 254; *तिट्ठुभ/जगती* में गाथा सं. 208; *जगति*[5] में गाथा सं. 162; *पहासिनी*[6] (संस्कृत *प्रहार्षिणी*) में गाथा सं. 111; तथा *वसन्ततिलका*[7] में गाथा सं. 206 है।

8. विषयवस्तु

महारहनीति की विषयवस्तु पांच कथाओं में विभाजित है। ग्रन्थ की शुरुआत जिन प्रथम तीन गाथाओं से होती है उनमें प्रथम गाथा में "महान् योग्य शाक्य मुनि की वन्दना करते हुए ग्रन्थकार बुद्ध को नीवरणों तथा तृष्णाओं से अतीत, मुक्त बतलाते हुए उनकी आराधना करते हैं"। तत्पश्चात दूसरी गाथा में "असद्धर्म से संसार भर जाने के कारण बुद्ध द्वारा दुष्ट प्रव्रजित जीते गए" यह कहते हुए तीसरी गाथा में महारहनीतिकार ग्रन्थ की रचना का औचित्य बताते हुए कहते हैं कि इस "ग्रन्थ का प्रणयन अनर्थकारियों को जीतने के लिए किया गया है"। इसी तीसरी गाथा में *लोकनीति* शब्द भी मिलता है और ऐसा प्रतीत होता है कि इस ग्रन्थ का प्रारम्भिक नाम *लोकनीति* था लेकिन *लोकनीति* नामक एक अन्य ग्रन्थ पहले से मौजूद होने के कारण इस ग्रन्थ का नाम प्रथम गाथा के प्रथम शब्द के आधार पर *महारहनीति*

---

[5] जगति बारह वर्णों वाला एक प्रमुख छंद है जिसके विभिन्न प्रकार होते हैं। जैसे- वंसट्ठ, इन्दवंसा (संस्कृत इन्द्रवंशा), तोटक, दुतविलम्बित, पुट, कुसुमविचित्ता आदि-आदि।

[6] *पहासिनी* तेरह वर्णों (syllables) वाले अतिजगति छंद का एक प्रमुख प्रकार है। एक मगण, एक नगण, एक जगण, एक रगण और एक दीर्घ के साथ यदि तृतीय और दशम वर्ण के बाद यति आता है तो उसे पहासिनी छंद कहते हैं। पालि छंदशास्त्र वुत्तोदय में इस छंद के बारे में बतलाते हुए कहा गया है- "मना जरा गो, तिदसयतिप्पहासिनी सा"।

[7] *वसन्ततिलका* छन्द सम वर्ण वृत्त छन्द है। यह चौदह वर्णों वाला छन्द है। 'तगण', 'भगण', 'जगण', 'जगण' और दो गुरुओं के क्रम से इसका प्रत्येक चरण बनता है। पालि छंदशास्त्र वुत्तोदय में इस छंद के बारे में बतलाते हुए कहा गया है "*वुत्ता वनसन्ततिलका तभजा जगा गो*"।

रखा गया। इस प्रकार ग्रन्थ की प्रथम तीन गाथाओं में ग्रन्थ का नाम, आराध्य की वंदना तथा ग्रन्थ रचना का उद्देश्य बतलाया गया है।

प्रथम तीन गाथाओं की स्थापना के बाद महारहनीतिकार ने ग्रन्थ को पांच कथाओं (अध्यायों) में विभाजित किया है। ये कथाएं इस प्रकार हैं- पण्डितकथा, सम्भेदकथा, मित्रकथा, नायककथा तथा इत्थिकथा। ग्रन्थकार ने अध्याय विभाजन के लिए *कथा* शब्द का प्रयोग किया है जो पालि नीति साहित्य में देखने को नहीं मिलती है। *महारहनीति* के पूर्ववर्ती ग्रन्थ *लोकनीति* में भी ग्रन्थ का विभाजन कण्ड में किया गया है। *धम्मनीति* में किसी भी विभाजक शब्द का प्रयोग नहीं है। महारहनीतिकार के समक्ष शायद *मिलिन्दपञ्ह* आदि ग्रन्थ रहे होंगे जहाँ अध्याय का विभाजन कथा के रूप में किया गया है, जैसे कि *बाहिरकथा*, *ओपम्मकथा* आदि। जहाँ तक *कथा* शब्द के प्रयोग की बात है तो न्याय दर्शन में महर्षि गौतम ने *कथा* शब्द को पारिभाषिक रूप (technical sense) में व्यवहार किया है। महर्षि गौतम ने *कथा* के तीन प्रकार बतलाये हैं- वाद, जल्प और वितंड। वाद का अर्थ है सत्य तक पहुँचना, जल्प का अर्थ है मोल-भाव (wrangling), और वितंड का प्रयोग कुतर्क (irrational discussion) के अर्थ में है (*न्याय दर्शन महर्षि गौतम*, बंग्ला अनु. फणिभूषण तर्कवागिष, 1981, कोलकाता : पश्चिम बंगाल राज्य पुस्तक परिषद)।

महारहनीति का प्रथम अध्याय *पण्डितकथा* है। इस अध्याय में 77 गाथाओं (गाथा संख्या 4-80) का संकलन है। *पण्डितकथा* की शुरुआत मनुष्यों के जीवन में नीति के महत्त्व को बतलाते हुए की गयी है। यहाँ पर नीति को 'प्राणियों का सार', 'मित्र', 'आचार्य' तथा 'पिता की तरह' बतलाया गया है तथा नीतिज्ञ को 'अच्छी बुद्धि वाला', 'समझदार' तथा 'हितकारक बात को देखने अथवा समझने वाला' कहा गया है। पण्डितकथा का सम्पूर्ण विषय किसी एक बात पर केन्द्रित नहीं है तथा ग्रन्थकार ने स्वतंत्रता के साथ अन्य विषयों को भी इसमें समावेश किया है। जैसे यहां पर मीठी वाणी (महा. 7, 8),

सुभाषित वचन, बहुत बोलने का नुकसान (महा. 11), प्रमाद से जुड़ा विषय (महा. 14, 15), असली ज्ञानी कौन है (महा. 16), दानदाता (महा. 17), किसकी पूजा सर्वत्र होती है (महा. 18), किसके लिए कोई पराया नहीं है (महा. 19), कौन मर्यादा नहीं तोड़ता (महा. 21) इत्यादि विविध विषयों पर बात रखी गई है।

ग्रन्थ का दूसरा अध्याय सम्भेदकथा है। इस अध्याय में गाथा संख्या 81 से लेकर गाथा संख्या 112 तक संकलित है। इस कथा की शुरुआत बुद्धिमान तथा दुष्ट का समय कैसे व्यतीत होता है इस बात को बतलाते हुए की गयी है। ज्ञानी व्यक्ति को शोक और भय की बातें दुःख नहीं देती, अहंकार को दमन करने वाला तथा आत्मदमन करने वाला शास्त्र दुष्टों में अहंकार पैदा करता है (महा. 85), सज्जनों का अल्प कार्य भी पत्थर की लकीर की तरह अमिट है (महा. 86), अच्छे लोगों का धन थोड़ा होने पर भी कुएँ के जल की तरह सेवन करने योग्य होता है (महा. 87) आदि को बहुत ही सुंदर उपमाओं के द्वारा समझाया गया है। सबसे बलवान कौन है? इस प्रश्न का उत्तर देते हुए कहा गया है कि 'पैर वाले जन्तुओं में सिंह बली है, कीड़ों में चींटी, मनुष्यों में राजा तथा सबों में मृत्यु बली है' (महा. 90)। कौन लोग शास्त्र विद्या से वंचित रह जाते हैं? इस प्रश्न का उत्तर देते हुए कहा गया है, 'ज्यादा सोने वाला, काम भोग में आनंद लेने वाला, सुख चाहने वाला, भोगी, आलसी, वीततृष्णा और कार्यकलाप में मग्न रहने वाला- ये सात लोग शास्त्र(-अध्ययन) से वंचित रह जाते हैं' (महा. 93)। इस प्रकार ग्रन्थ के दूसरे भाग में महारहनीतिकार ने विविध विषयों से सम्बन्धित नीति गाथाओं को रखा है।

महारहनीति का तीसरा अध्याय मित्रकथा है। इसमें 113 से 163 तक की गाथाओं का संकलन है। यद्यपि इस कथा का नाम मित्र रखा गया है लेकिन इसकी शुरुआत मूर्ख के वर्णन से होती है। 51 गाथाओं के इस अध्याय में मित्र और उससे सम्बन्धित गाथाओं की संख्या मात्र सोलह है। मूल रूप से यहाँ पर मूर्ख, दुष्ट और मित्र इन तीनों विषयों से

सम्बन्धित बातों को रखा गया है। अतः हम कह सकते है कि विषय-संकलन के अनुसार अध्याय का नाम उचित नहीं है। ज्यादा अच्छा होता यदि ग्रन्थकार उपरोक्त तीनों विषयों में इस भाग को विभाजित करता। ऐसा प्रतीत होता है कि ग्रन्थ का विभाजन मात्र पांच शीर्षकों में करने की बाध्यता के कारण ही ग्रन्थकार को ऐसा अनुपयुक्त विभाजन करना पड़ा है।

महारहनीति का चौथा अध्याय नायककथा है। नायक का सामान्य अर्थ लोगों को अपनी आज्ञा के अनुसार चलाने वाला व्यक्ति कर सकते हैं। जैसे- सामाजिक या राजनैतिक नेता, अधिपति, स्वामी आदि। इस कथा में 34 (गाथा सं. 164-197) गाथाओं का संकलन किया गया है। अध्याय की शुरुआत 'राष्ट्र कैसे समृद्ध और कमजोर होता है' को बतलाते हुए कहा गया है कि "कृषक, व्यपारी, मंत्री, शीलवान् ज्ञानी श्रमण- इनके समृद्ध होने पर राष्ट्र भी समृद्ध होता है" (महा. 164) तथा "उनके (अर्थात् कृषक, व्यपारी, मंत्री, शीलवान् ज्ञानी श्रमण के) कमजोर होने पर राष्ट्र भी कमजोर होता है" (महा. 165)। यहाँ पर राजा द्वारा राज्य पर किस प्रकार शासन किया जाय, राजा द्वारा किस प्रकार कर लगाया जाय, नायक-धर्म आदि विविध विषयों पर प्रकाश डाला गया है।

महारहनीति का पांचवां और अन्तिम भाग *इत्थिकथा* है। इस कथा के अन्तर्गत कुल 56 गाथाओं का संकलन किया गया है। लेकिन जैसा कि इसके नाम से प्रतीत होता है कि इस भाग के अन्तर्गत केवल स्त्रियों से सम्बन्धित नीति-गाथाएं ही संकलित होंगी, किन्तु वास्तव में यहाँ पर केवल 23 गाथाएं (198-219, 229-230) ही ऐसी हैं जो स्त्रियों से किसी प्रकार से सम्बन्धित हैं। अन्य गाथाओं (220-228, 231-254) का सम्बन्ध विविध विषयों से है। ऐसा प्रतीत होता है कि *इत्थिकथा* के अन्तर्गत ग्रन्थकार ने विषय-वस्तु का वर्गीकरण उसके अध्याय के नाम के अनुसार समुचित प्रकार से नहीं किया है। यहाँ भी स्त्रियों का विश्लेषण पुरुष मानसिकता वाले चिर-परिचित अंदाज में

किया गया है। इस बात को हम कुछ उदाहरणों से समझ सकते हैं। जैसे कि *इत्थिकथा* की प्रथम गाथा नारी को मायाविनी बतलाते हुए पुरुषों को सचेत करती है कि सावधान हुए बिना उनके साथ एकांत में मन्त्रणा न करें चाहे वह स्त्री माता, बहन या पुत्री ही क्यों न हो (महा. 198)। स्त्रियों के कामभोगों को बतलाते हुए पालि-कुणालजातक से एक गाथा को उद्धृत करते हुए कहा गया है कि 'यदि एक-एक स्त्री के शूर, बलवान् तथा सभी कामनायें पूरी करने वाले आठ-आठ पति हों तो भी वह नौवें की इच्छा करती हैं, (क्योंकि भोगों की) इच्छा पूरी नहीं हुई रहती है' (महा. 201)। स्त्रियों के चंचल स्वभाव को बतलाते हुए कहा गया है कि वे 'किसी एक के साथ बातचीत करती हैं, अपने हाव-भाव के साथ किसी दूसरे को देखती हैं तथा किसी तीसरे के बारे में मन में सोचती रहती हैं' (महा. 202)। इसलिए 'जो पुरुष सहस्र जिव्हा वाला हो और सौ वर्ष जीए (और) वह यदि खूब परिश्रम से भी कहे तो क्या स्त्री के दोष का वर्णन समाप्त हो सकता है?' अर्थात् नहीं हो सकता। यहाँ स्त्रियों का वर्गीकरण अग्नि, पानी, मूर्ख, साँप और राजकुल के लोगों के साथ किया गया है और कहा गया है कि इनसे यत्नपूर्वक दूर ही रहना चाहिए क्योंकि ये सारे तुरंत प्राण हरण करने वाले हैं (महा. 203)। इसी प्रकार स्त्रियों को दुर्जन, विष, सींग वाले जानवर, रोग, नदी और राजकुल के साथ रखा गया है जिन पर विश्वास नहीं होता (महा. 204)। जवान स्त्री में नित्य विश्वास को पंडित मृत्यु का द्वार कहते हैं (महा. 207)। स्त्रियों पर विश्वास करना कितना कठिन है इस बात को उपमा से समझाते हुए कहा गया है कि "जो स्त्रियों का एकान्त विश्वास करे वह जाल से हवा को रोके, एक हाथ से सागर को उलीचे तथा एक हाथ से ताली बजाये" (महा. 208)।

9. संस्करण एवं मूलस्रोत

प्रस्तुत देवनागरी संस्करण पालि टेक्स्ट सोसायटी, लंदन से प्रकाशित *Pāli Nīti Texts of Burma: Dhammanīti, Lokanīti, Mahārahanīti, Rājanīti* (पा.नी.टे.ब.) के आधार पर तैयार किया गया

है। पा.नी.टे.ब. का प्रकाशन हाइन्ज़ बेज्हर्ट और हाइन्ज़ ब्राउन ने 1981 में किया था। मूल रूप से *महारहनीति* और *धम्मनीति* पर हाइन्ज़ ब्राउन ने पी.एच.डी. शोध प्रबंध गौटिंगेन विश्वविद्यालय, जर्मनी में 1975 में प्रस्तुत किया था (देखें ब्राउन 1975)। मैंने ब्राउन के पी.एच.डी. शोध प्रबंध का भी अवलोकन देवनागरी संस्करण तैयार करने के लिए किया है। इसके अतिरिक्त छट्ठ–सङ्गायन (छ.सं.) के अन्तरजालिक संस्करण (Online Edition) को भी उपयोग में लाया है। *महारहनीति* के अन्य संस्करणों (देखें महा. 1 और महा. 2) जिनका प्रयोग और पाठ भेद बेज्हर्ट और ब्राउन (1981) ने पा.नी.टे.ब. में दिया है, को भी प्रस्तुत संस्करण तैयार करने में प्रयुक्त किया है। पाठकों के सुविधा के लिए छ.सं. के पाठ भेद को पाद–टिप्पणियों में रेखांकित किया गया है। यद्यपि यह सम्पूर्ण देवनागरी संस्करण बेज्हर्ट और ब्राउन (1981) के रोमन पाठ पर आधारित है किन्तु कुछ स्थानों पर उनसे मत–भिन्नता भी प्रकट की गयी है। जातक–अट्ठकथा, चूलवंस आदि का भी उपयोग *महारहनीति* के पाठ निर्धारण में किया गया है।

प्रस्तुत संस्करण में *महारहनीति* में आयी गाथाओं का मूल स्रोत भी यथासंभव चिह्नित किया गया है। जिन पालि गाथाओं के मूल संस्कृत स्रोत हैं वहां यथास्थान संस्कृत समानांतर श्लोक भी दिया गया है। यहाँ पर बेज्हर्ट और ब्राउन (1981) तथा उनके पूर्ववर्ती विद्वानों द्वारा किये गये पालि गाथाओं के स्रोतों की पहचान के अतिरिक्त कुछ नई गाथाओं के स्रोतों की पहचान भी की गयी है। कुछ अन्य जगहों पर स्रोत की पहचान में बेज्हर्ट और ब्राउन ने भूल की है उसे भी रेखांकित किया गया है और सही स्रोत देने का प्रयास किया गया है। इन प्रयासों के बावजूद बहुत सी ऐसी गाथाएं हैं जिनके स्रोत का पता नहीं चलता। लेकिन मेरा ऐसा मानना है कि इस ग्रन्थ में बहुत कम ही ऐसी गाथाएं होंगी जिनकी रचना स्वयं महारहनीतिकार ने की होगी। मूल रूप से यह ग्रन्थ जैसा कि ऊपर भी कहा गया है *धम्मनीति* एवं अन्य पालि ग्रन्थों के आधार पर संकलित है।

10. हिन्दी अनुवाद

जहाँ तक पालि गाथाओं के हिन्दी अनुवाद की बात है तो अनुवाद मूल से कितना निकट हो यह एक विचारणीय प्रश्न है। पालि तिपिटक और उसके आनुषंगिक ग्रन्थों के प्रारम्भिक हिन्दी अनुवादों को देखें तो यह स्पष्ट हो जाता है कि इन अनुवादों में बहुत से पालि शब्दों को ज्यों का त्यों रखा गया है, जिसके कारण पालि शब्दों का अर्थ स्पष्ट नहीं हो पाता है। बहुत हद तक पालि, संस्कृत, प्राकृत, हिन्दी आदि भाषाएँ एक ही भाषा-परिवार के होने के कारण अनुवाद करने में इस तरह की समस्या सामने आती है और यह समस्या पालि नीति साहित्य में कुछ अधिक ही है क्योंकि यहाँ पर बहुत बार संस्कृत श्लोकों का सीधे-सीधे पालिकरण किया गया है। विशेष रूप से *महारहनीति* में कुछ स्थानों पर संस्कृत स्रोत का अन्धानुकरण भी किया गया है जिसके परिणामस्वरूप ब्राह्मण-दर्शन से सम्बन्धित विषयों को भी यहाँ स्थान मिला है। अतः इस प्रकार की गाथाओं का बौद्ध संदर्भ में कैसे अनुवाद किया जाए यह एक कठिन कार्य है। जहाँ तक संभव हो सका है उन गाथाओं को बौद्ध दृष्टिकोण में ही देखने और अनुवाद करने का प्रयास किया गया है। उदाहरण के लिए *महारहनीति* की गाथा सं. 28 (*अत्ता बन्धु मनुस्सानं, रिपु अत्ता व जन्तुनं। अत्ता व नियतो ञाति, अत्ता व नियतो रिपु॥*) को देखा जा सकता है जो *महाभारत* 13.6.27 (*आत्मैव ह्यात्मनो बन्धुरात्मैव रिपुरात्मनः। आत्मैव चात्मनः साक्षी कृतस्याप्यकृतस्य च॥*) की प्रतिध्वनि मात्र है। अतः यहाँ पर 'अत्ता' शब्द का अनुवाद संदर्भानुसार तो 'आत्मा' करना चाहिए लेकिन मैंने बौद्ध-दृष्टिकोण को ध्यान में रखते हुए 'स्वयं' किया है। इसी प्रकार अन्य उदाहरण भी ग्रन्थ में देखे जा सकते हैं। जैसा हम जानते हैं कि पा.नी.सा. बर्मा के उस उत्तरकालीन साहित्य परम्परा का प्रतिनिधित्व करता है जहाँ संस्कृत और बर्मी भाषा का प्रभाव पालि पर कुछ ज्यादा ही पड़ा है। इसलिए हिन्दी अनुवाद करते समय संस्कृतनिष्ठ पालि शब्दों के साथ-साथ बर्मीनिष्ठ पालि शब्द भी कठिनाई का कारण है। मैंने ऐसे शब्दों के

अनुवाद के क्रम में अपनी समझ और विवेक के आधार पर हिन्दी शब्दों का चयन किया है। कुछ गाथाएं ऐसी भी हैं जहाँ एक ही शब्द बार-बार आया है लेकिन प्रसंग बदला हुआ है। इसलिए जहां-जहां गाथाओं में बहु-अर्थक शब्द का प्रयोग किया गया है वहां उसके विभिन्न अर्थ दिये गये हैं ताकि अर्थ स्पष्ट हो। एकाध गाथा में शब्द बहुअर्थी न होकर एकार्थी है। ऐसी गाथाओं के अनुवाद में एक ही अर्थ का प्रयोग किया गया है।[8]

---

8 इस संदर्भ में एक महत्त्वपूर्ण लेख के लिए देखें चौधरी 2018: 45-51.

॥नमो तस्स भगवतो अरहतो सम्मासम्बुद्धस्स॥

॥नमन है उस भगवान् को जो अर्हत सम्यकसम्बुद्ध है॥

महारहनीति

1. **महामहारहं[1] सक्य–मुनिं नीवरणा रणा[2]।**
मुत्तं मुत्तं सुदस्सनं, वन्दे बोधिवरं वरं॥

अनुवाद

महान् श्रेष्ठ शाक्य मुनि को, जो नीवरणों तथा तृष्णाओं से अतीत हैं, मुक्त हैं, सुन्दर रूप वाले हैं, जिनकी बोधि श्रेष्ठ है, उन श्रेष्ठ की वन्दना करता हूँ।

स्रोत– सद्दनीति– धातुमाला II.559.

नोट–

अग्गवंस ने इस गाथा का प्रयोग सूत्र सं. 1582 'वर इच्छायं' के वर्णन प्रसंग में उदाहरण के रूप में किया है।

नीवरण– ध्यानादि कुशलधर्मों को निवारण करनेवाले धर्म *नीवरण* कहे जाते हैं 'झानादिकं निवारेन्तीति नीवरणानि' (त्रिपाठी 1992: 2.744)।

---

[1] महा. 2 महारहारहं, छ.सं. महारहरहं

[2] महा. 2, छ.सं. तण्हा (छं.भ.)

नीवरण छह हैं, यथा- *कामच्छन्द* (स्वरूपतः लोभ चैतसिक), *व्यापाद* (स्वरूपतः द्वेष चैतसिक), *थीनमिद्ध* (स्त्यान एवं मृद्ध चैतसिक), *उद्ध-च्चकुकुच्च* (औद्धत्य एवं कौकृत्य चैतसिक), *विचिकिच्छा* (विचिकि-त्सा चैतसिक) और *अविज्जा* (मोह चैतसिक)।
रण = तृष्णा। काम तृष्णा, भव तृष्णा और विभव तृष्णा के रूप में तीन प्रकार के हैं।

2. **मुनिना मुनिनागेन, दुट्ठा[1] पब्बज्जिता जिता।**
यथा यथा असद्धम्म-पूरणा[2] पूरणादयो[3]॥

अनुवाद
मुनि द्वारा, मुनियों में जो नाग (=श्रेष्ठ) हैं उनके द्वारा (अर्थात् बुद्ध द्वारा) दुष्ट प्रव्रजित जीते गये। जैसे असद्धर्म (लोभ, द्वेष एवं मोह आदि अकुशल धर्म) से भरे हुए पूरण(कस्सप) आदि (= मक्खलि गोसाल, अजित केसकम्बल, पकुध कच्चायन, निगण्ठ नाटपुत्त, सञ्जय बेलट्ठपु-त्त)।
स्रोत- सद्दनीति-पदमाला I.58.
नोट-
असद्धम्म- मिथ्या सिद्धान्त; भ्रान्त-धारणा; लोभ, द्वेष एवं मोह आदि अकुशल धर्म, पापमयी मनोवृत्तियाँ।
पूरणादयो- पूरण आदि का अर्थ बुद्ध के समय के छह तैर्थिकों (दूसरे

---

[1] महा. 2, छ.सं. दुट्ठपब्बज्जिता
[2] महा. 2, छ.सं. पुरणा
[3] महा. 2, छ.सं. पुरणादयो

मत मानने वालों) के रूप में किया गया है। पालि-तिपिटक में इस बात की सूचना नहीं मिलती कि बुद्ध ने इन छह आचार्यों को पराजित किया था या इनमें से कोई एक आचार्य बुद्ध के शिष्य बन गये थे। इस संदर्भ में विशेष अध्ययन के लिए *दीघ-निकाय* का *सामञ्ञफलसुत्त* देखा जा सकता है।

3. **तथा तथागतोवादा, नुगायं[1] लोकनीतियं।**
विदूना कतयोगेन[2], जेय्या[3] वानत्थकारिनो॥

अनुवाद

वैसे ही तथागत के सिद्धान्तों का अनुसरण करने वाली लोकनीति विद्वानों द्वारा किये गये परिश्रम से अनर्थ (=अहित) करने वालों को जीतने के लिए बनाई गयी।

स्रोत- सद्दनीति- पदमाला I.58.

तथा तथागतादाया-नुगायं सद्दनीतियं।
कतयोगेहि पि जिता, भवन्ति परवादिनो ति॥

---

[1] महा. 2, छ.सं. नुगते

[2] महा. 2, छ.सं. कतयोगेन विदूना

[3] महा. 2, छ.सं. जेय्यो

1. पण्डितकथा
ज्ञानी–कथा

4. **नीतीधा[1] जन्तुनं सारो, मित्ताचरिया[2] च पीतरा[3]।**
नीतिमा[4] सुबुद्धि ब्यत्तो, सुतवा अत्थदस्सिमा।।

अनुवाद

नीति (आचार/व्यवहार) इस लोक में प्राणियों का सार है, (यह) मित्र आचार्य तथा पिता की तरह है। नीतिज्ञ अच्छी बुद्धि वाला, विद्वान्, ज्ञानी, सुस्पष्ट दृष्टि (= हितकारक बात को देखने अथवा समझने) वाला होता है।

नोट–

अत्थदस्स/अत्थदस– अत्थ+दस्स (अर्थदर्श), हितकारक बात को देखने अथवा समझने वाला, अपने लिए कल्याणकारक अथवा शुभ को

---

[1] छ.सं. नितीध

[2] महा. 1 मित्ताचेरो

[3] महा. 1 पीतु च

[4] महा. 1 नीतिप्पट्टसुद्धी

खोजने वाला। *अत्थदस्सिमा* (अत्थ+दस्सी+मन्तु) का अर्थ है सुस्पष्ट दृष्टि वाला, कल्याण देखने वाला।
नीतिधा- नीति+इध, (नीति इह), नीति इस लोक में, (इध के स्थान पर इधा का प्रयोग छन्दानुरोधवसेन हो सकता है)।
पीतरा- व्याकरण की दृष्टि से भ्रष्ट अथवा स्वच्छन्द प्रयोग है।

5. **कविहेरञ्ञका कत्वा, सुतत्तं[1] सत्थकञ्चनं।**
गज्जपज्जाद्यलङ्कारं[2], करोन्तीध मनोरमं[3]॥

अनुवाद
कविरूपी स्वर्णकार शास्त्र रूपी स्वर्ण को अच्छी तरह से तपाकर गद्य-पद्य आदि मनोरम अलङ्कारों का यहाँ निर्माण करते हैं।

6. **वुत्यं विसदञाणस्स, ञातो अत्थोऽतरस्स न।**
सूरप्पभाय[4] आदासो, छायं दस्से[5] न माकरे[6]॥

अनुवाद
व्यापक ज्ञान वाले (विद्वान्) की व्याख्या से (ही) अर्थ (=तात्पर्य) ज्ञात होता है, दूसरों की (व्याख्या) से नहीं। सूर्य के प्रकाश में (ही) दर्पण छाया को दिखला सकता है, मकर (=ठंडे मौसम) में नहीं।

---

[1] महा. 1 सुभत्तं
[2] महा. 1 °पज्जागज्जद्यल°
[3] छ.सं. मनोरम्मं
[4] छ.सं. सुरप्पभाय
[5] महा. 2, छ.सं. दिस्से
[6] पा.नी.टे.ब. मा करे

नोट- बेज्हर्ट और ब्राउन (1981: 99) ने 'मा करे' पाठ रखा है जिसे मैंने 'माकरे' कर दिया है। 'माकरे' का तात्पर्य 'मकर' से है। अर्थात् मकर राशि के सूर्य के धुंधले प्रकाश से है। इस गाथा में उपमान एवं उपमेय के बिम्ब-प्रतिबिम्ब भाव (समानधर्मता) की रमणीय योजना होने से दृष्टान्त नामक अलंकार का हृदयाकर्षक संविधान है।

7. **महातेजो पि तेजो यं, मत्तिकं न मुदुं[1] करे[2]।**
आपो आपेति मुदुत्तं[3], साधुवाचा च कक्खळं॥

अनुवाद

तेज से तेज आग भी मिट्टी को कोमल नहीं कर सकती, जल ही उसे मृदु बना सकती है। (उसी प्रकार) मीठीवाणी से ही कर्कश (को कोमल किया जा सकता है)।

8. **मुदुना व रिपुं जेति, मुदुना जेति दारुणं।**
नासिद्धं[4] मुदुना किञ्चि, यतोऽथो[5] मुदुना जये॥

अनुवाद

मधुरवाणी (=मीठी वाणी) द्वारा ही (मनुष्य) शत्रु को जीतता है, मधुरवाणी से ही दारुण (=कठोर) को जीतता है। चूंकि कोई ऐसी चीज नही है जो मधुरवाणी से सिद्ध न हो, इसलिये (मनुष्य) मधुर वाणी द्वारा

---

[1] महा. 2, छ.सं. मुदुकंकरो
[2] महा. 2, छ.सं. करो
[3] महा. 2, छ.सं. मुदुकं
[4] महा. 2, छ.सं. नोसिद्धं
[5] महा. 2, छ.सं. यत्वतो

(दूसरों को) जीते।

स्रोत- चा.सा.संग्रह 3.40:

मृदुनैव मृदुं हन्ति, मृदुना हन्ति दारुणम्।
नासाध्यं मृदुना किञ्चित्, तस्मात्तीक्ष्णतरं मृदुः।।

तुलना महा. 3.29.30, 12.138.65, नी.शा.वि. 59. देखें इस्. 4964 (चिह्नित- पवोलिनि 1907: 611), चा.रा.संसो. 788.

9. **चन्दनं सीतलं लोके, ततो चन्दं व सीतलं।**
चन्दनचन्दसीतम्हा, वाक्यं साधु सुभासितं॥

अनुवाद

संसार में चन्दन शीतल होता है लेकिन उससे भी ज्यादा शीतल चन्द्रमा है। किन्तु चन्दन और चन्द्रमा की शीतलता से भी अधिक शीतल सुभाषित वचन है।

स्रोत- चा.रा.नी.शा. 8.72:

शीतलं चन्दनं लोके, चन्दनादपि चन्द्रमः।
चन्द्रचन्दनयोर्मध्ये, शीतलः साधुसङ्गमः।।

तुलना चा.सा.संग्रह. 3.13, सी.नी. 43 (चन्दनं शीतलं लोके) (चिह्नित- पवोलिनि 1907: 611). देखें इस्. 3260, चा.रा.संसो. 363.

10. **पत्तकल्लोदितं अप्पं, वाक्यं सुभासितं भवे।**
खुधितस्स[1] कदन्नं पि, भुत्तं[1] सादुरसो सिया॥

---

[1] महा. 2, छ.सं. खुद्दितस्स

अनुवाद
समय पर कहा गया एक छोटा उपयुक्त वाक्य भी सुभाषित हो सकता है। जैसे भूखे के लिए घटिया कु-अन्न (मोटा अनाज) भी खाने पर स्वादिष्ट हो जाता है।

11. **सत्थकापि बहूवाचा, नादरा बहुभाणिनो।**
सोपकारंप्युदासीनं[2], ननु दिट्ठं नदीजलं॥

अनुवाद
बहुत बोलने वाले शास्त्रज्ञ भी उसके कारण आदर नहीं पाते। उपकार करने वाले नदी जल को क्या उदासीनता (उपेक्षा) से नहीं देखा जाता? नोट- उपमा और उपमेय दोनों का बिम्ब-प्रतिबिम्ब (समानधर्मता) सटीक होना चाहिए। यहाँ उपमान-उपमेय की समानधर्मता सटीक प्रतीत नहीं होती।

12. **संसारविसरुक्खस्स, द्वयमेवामतं फलं।**
सुभासितरस्ससादो[3], साधूहि सह सङ्गमो[4]॥

अनुवाद
संसार रूपी विष वृक्ष के दो ही अमृतफल हैं- सुभाषित के रस का आस्वाद और सज्जनों की संगति।
स्रोत- व्यास 68:

---

[1] छ.सं. सुत्तं
[2] महा. 2, छ.सं. सोपकारमुदासीनं
[3] महा. 2, छ.सं. सुभासितस्ससारादो
[4] महा. 2, छ.सं. साधूहि रसमागमो

संसारविषवृक्षस्य, द्वयमेवामृतम् फलं।
सुभाषितरसास्वादः, सज्जनैः सह संगमः॥

और व्यास (सि) 63, (चिह्नित- बेज्हर्ट 1964); देखें हितो.का. 1.153, हितो.पे. 1.117, चा.नी.दर्पण 16.18, सु.अर्णव 279. और भी देखें सु.र.भ. 29.4, 88-89.2., सु.रत्नाकर 1.3, चा.रा.संसो. 1019.

13. **पासाणछत्तं गरुकं, ततो देवानचिक्खना।**
ततो वुड्ढानमोवादो[1]**, ततो बुद्धस्स सासनं॥**

अनुवाद

पत्थर की छतरी भारी होती है, उससे भी ज्यादा भारी (=गौरवशाली) देवताओं का कथन होता है, उससे भी और ज्यादा अपने से वृद्ध का उद्बोधन (सलाह के रूप में कहीं गयी बात) भारी (=महत्त्वपूर्ण) होता है और उससे भी ज्यादा भारी (=सम्मानित) बुद्ध का शासन है।

नोट-

आचिक्खन- कहना

ओवाद- ओ(अव)+√वद् से व्यु.- चेतावनी, भर्त्सना या उद्बोधन के वचन, शिक्षा, अनुशासन, उपदेश।

14. **तुलं सल्लहुकं लोके, ततो चपलजातिको।**
ततोऽनोवादको[2] **तम्हा**[1]**, यति धम्मे पमादको॥**

---

[1] महा. 1 वुड्ढानं ओवादो

[2] महा. 2, छ.सं. दिको

अनुवाद
रुई संसार में बहुत हल्की होती है, उससे भी हल्का है वह जिसका चित्त चंचल है, उससे भी हल्का है झूठ बोलने वाला और उससे भी हल्का है भिक्षु जो धर्म में प्रमाद करता है।

15. **अहं[2] गच्छति हायन्तं[3], सत्तानमिध जीवितं।**
तस्मा हि मा पमत्तत्वं, युञ्जतु[4] बुद्धसासने[5]॥

अनुवाद
यहां (संसार में) प्राणियों का जीवन प्रतिदिन घटता जाता है। इसलिए प्रमादशील मत बनें, बुद्धशासन में जुड़े।

16. **पण्डितस्स पसंसाय, दण्डो बालेन दीयते।**
पण्डितो पण्डितेनेव, वण्णितो व सुवण्णितो॥

अनुवाद
मूर्ख द्वारा प्रशंसा करना, ज्ञानी के लिए दंड देने के समान है। बुद्धिमान् द्वारा प्रशंसित ज्ञानी ही वास्तव में प्रशंसित है।

17. **सतेसु जायते सूरो, सहस्सेसु च पण्डितो।**
वत्ता[1] सतसहस्सेसु, दाता भवति वा न वा॥

---

[1] महा. 2, छ.सं. ततो
[2] महा. 2, छ.सं. अह
[3] छ.सं. हायन्ती
[4] महा. 2, छ.सं. गच्छन्तु
[5] महा. 2, छ.सं. जिनसासने

अनुवाद
सैकड़ों लोगों के बीच कोई एक वीर होता है, हजारों के बीच कोई एक ज्ञानी तथा लाखों के बीच कोई एक वक्ता होता है, (अनेक लोगों के बीच कोई एक) दाता होता है अथवा नहीं भी होता है।
स्रोत- व्यास.सु.सं. 92:

शतेषु जायते शूरः, सहस्रेषु च पण्डितः।
वक्ता शतसहस्रेषु, दाता भवति वा न वा।।

और सूक्ति.र.हा. 16.3., सु.अर्णव 163, 285. व्यास 101. तथा सु.र.भ. 70.1 (चिह्नित- पवोलिनि 1907: 611), चा.रा.संसो. 1971.

18. **भूपत्तं[2] पण्डितत्तञ्च, नेव तुल्यं कदाचि पि।**
सदेसे पूजितो राजा, बुधो[3] सब्बत्थ पूजितो॥

अनुवाद
राजत्व और पाण्डित्य में कभी भी तुलना नहीं करनी चाहिए; राजा अपने ही देश में पूजा जाता है; विद्वान् (बुध) की पूजा सर्वत्र होती है।
स्रोत- सूक्ति.र.हा. 26.1:

विद्वत्त्वं च नृपत्वं च, नैव तुल्यं कदाचन।
स्वदेशे पूज्यते राजा, विद्वान सर्वत्र पूज्यते।।

और व्यास.सु.सं. 62, व्यास. 58, चा.नी.शास्त्र 1, चा.सा.संग्रह

---

[1] महा. 2, छ.सं. वुत्ता
[2] महा. 2, छ.सं. + च
[3] महा. 2, छ.सं. बुद्धो

1.46, पंच.कीलहौर्न 2.52, पंच.कोसेगर्टेन 2.56, सु.वल्लभ. 3426, सु.अर्णव 8. तथा सु.र.भ. 38.7, सु.रत्नाकर 32.6 (चिह्नित- पवो-लिनि 1907: 611), चा.रा.संसो. 1668, 939.

19. **कोऽतिभारो[1] समत्थानं, किं दूरं[2] ब्यवहारिनं।**
को विदेसो सविज्जानं, को परो पियवादिनं॥

अनुवाद
समर्थ के लिये अधिक बोझ क्या? व्यावहारिक (व्यपारियों) के लिये दूरी क्या? विद्यावान के लिये विदेश क्या? प्रियवादी के लिये पराया कौन?
स्रोत- चा.नी.दर्पण 3.13:

कोऽतिभारः समर्थानां, किं दूरं व्यवसायिनाम्।
को विदेशः सविद्यानां, कः परः प्रियवादिनाम्।।

और चा.नी.शास्त्र 71, ल.चा. 3.8, हितो.का. 2.13, हितो.पे. 2.12, पंच.कीलहौर्न 2.51, व्यास.सु.सं. 72, सु.वल्लभ. 313, सूक्ति.र.हा. 237.18, सी.नी. 70, व्यास.(सि.) 69, पंच.पुर्न. 1.22, पंच.एड्गर्टेन 1.19, पंच.कीलहौर्न 2.121. देखें सु.र.भ. 162.404. (चिह्नित- पवोलिनि 1907: 611), चा.रा.संसो. 304.
नोट- *ब्यवहारिनं* के स्थान पर *व्यवसायिनां* पाठ होना चाहिए।

---

[1] महा. 2, छ.सं. क्कातिभारो
[2] महा. 2, छ.सं. दूरो

20. **ननु ते ये व सन्ता नो, सागरा न कुलाचला[1]।**
मनं[2] पि मरियादं ये, संवट्टे पि[3] जहन्ति नो॥

अनुवाद

निश्चित रूप से वे ही सन्त हैं, वे सागर हैं, वे ही कुलपर्वत हैं, जो प्रलयकाल में भी मर्यादा को मन से तनिक भी नहीं त्यागते।

स्रोत- सुबो.- 330. अवस्थी (1973: 114) ने इस गाथा को भिन्न प्रकार से अनुवाद किया है :

> "निश्चय ही वे ही सत्पुरुष है, वे ही सागर है, और वे ही कुल पर्वत है, जो एक बार निर्धारित की गयी मर्यादा को मन से भी नहीं छोड़ते।"

नोट- अचल का अर्थ पति होता है। कुलाचल का अर्थ कुलपर्वत किया गया है जो सात हैं-महेन्द्र, मलय, सह, शक्तिमान

21. **पलयेऽतीतमरियादा, भवन्ति किर सागरा।**
मरियादातितं[4] साधु, युगन्ते पि न इच्छरे[5]॥

अनुवाद

प्रलय के समय सागर अपनी मर्यादा को तोड़ देते हैं। लेकिन प्रलय काल में भी सत्पुरुष मर्यादा को तोड़ना नहीं चाहते।

स्रोत- व्यास 12:

---

[1] पा.नी.टे.ब. कुलाकला

[2] महा. 2, छ.सं. अप्पं

[3] छ.सं. वि

[4] महा. 2, छ.सं. °दातिकं

[5] महा. 2 न इच्छन्ति पलये पि, छ.सं. इच्छन्ति पलयेपि न

प्रलये भिन्नमर्यादा, भवन्ति किल सागराः।
मर्यादाभेदमिच्छन्ति, प्रलयेऽपि न साधवः।।

और व्यास (सि.) 11, सूक्ति.र.हा. 35.13, चा.नी.दर्पण 3.6, वृद्ध.चा. 2.10, चा.सा.संग्रह 3.7. देखें इस्. 4270, चा.रा.संसो. 692 (चिह्नित- बेज्हर्ट और ब्राउन 1981: 118).

22. **सतं दीघायुतं[1] सब्ब–सत्तानं सुखकारणं।**
असतं पन सब्बेसं, दुक्खहेतु न संसयो॥

अनुवाद

सज्जन का दीर्घायु होना सभी प्राणियों के सुख का कारण है। दुर्जन (का दीर्घायु होना) सभी के दुःख का कारण होता है इसमें कोई सन्देह नहीं है।

23. **पामोक्खे सुजने सन्ते, सब्बे पि सुजना जना।**
जातेकस्मिं सारगन्धे, सब्बे गन्धमया दुमा॥

अनुवाद

अगर प्रमुख भला आदमी हो तो सभी भले होते हैं। सुगंधि देने वाले एक वृक्ष के होने से भी सभी वृक्ष सुगंधित हो जाते हैं।

24. **अत्तना यदि एकेन, विनतेन महाजना।**
विनयं यन्ति सब्बे पि, को तं नासेय्य पण्डितो॥

अनुवाद

---

[1] महा. 2, छ.सं. दीघायुकं

यदि किसी एक व्यक्ति के स्वयं विनम्र होने पर सभी लोग विनीत हो जाते हैं तो फिर कौन सा बुद्धिमान् व्यक्ति उस विनय का नाश करे?

25. **सरीरस्स गुणानञ्च, दूरमच्चन्तमन्तरं।**
सरीरं खणविद्धंसि, कप्पन्तट्ठायिनो गुणा[1]॥

अनुवाद

शरीर का और (दयादि) गुणों में बड़ा दूर का अन्तर है। शरीर तो क्षण में समाप्त होने वाला है, गुण तो कल्प के अन्त तक रहने वाला है।

स्रोत- हितो.का. 1.49:

शरीरस्य गुणानां च, दूरमत्यन्तमन्तरम्।
शरीरं क्षणविध्वंसि, कल्पान्तस्थायिनो गुणाः।।

और हितो.पे. 1.36. देखें सु.र.भ. 81.9, इस्. 6427 (चिह्नित-पवोलिनि 1907: 611), चा.रा.संसो. 982.

26. **यदि निच्चमनिच्चेन, निमलं मलवाहिना।**
यसो[2] कायेन लभेथ[3], तं[4] न लद्धं भवे नु किं॥

अनुवाद

यदि अनित्य और मल-मूत्र से भरे हुए शरीर से निर्मल और नित्य यश मिले तो क्या नहीं मिला?

स्रोत- हितो.का. 1.48:

यदि नित्यमनित्येन, निर्मलं मलवाहिना।

---

[1] महा. 1 गुणकप्पनतट्ठायिनो

[2] महा. 1, महा. 2, छ.सं. यो सो

[3] महा. 1 भग्येथ

[4] महा. 1, महा. 2, छ.सं. किं

यशः कायेन लभ्येत, तन्न लब्धं भवेन्नु किं।।

हिता.ना. 1.48, तुलना हितो.पे. 1.35. देखें इस्. 5222, चा.रा.सं-सो. 812 (चिह्नित- बेज्हर्ट और ब्राउन 1981: 118).

27. धम्मत्थकाममोक्खानं, पाणं संसिद्धिकारणं।
तं[1] निग्घता[2] किं[3] न हतं, रक्खता[4] किं[5] न रक्खितं।।

अनुवाद

धर्म, अर्थ, काम और मोक्ष/निर्वाण (चार पुरुषार्थ) की सिद्धि का कारण जीवन है। उसको (अर्थात् जीवन को) नष्ट करने से क्या नष्ट नहीं हो जाता (और) उसकी रक्षा करने से क्या रक्षित नहीं होता?

स्रोत- हितो.का. 1.43:

धर्मार्थकाममोक्षानां, प्राणाः संस्थितिहेतवः।
तान्निघ्नता किं न हतं, रक्षता किं न रक्षितम्।

और हितो.पे. 1.30; तुलना चा.नी.दर्पण 3.20.1 पाद 1 के लिए. देखें इस्. 3121 (चिह्नित- पवोलिनि 1907: 611), चा.रा.संसो. 518 (519).

28. अत्ता बन्धु मनुस्सानं[6], रिपु अत्ता व जन्तुनं।

---

[1] महा. 1, छ.सं. तन्

[2] महा. 1, छ.सं. निघाता; महा. 2 निग्घाति

[3] महा. 1, छ.सं. किन्

[4] महा. 1 रक्खा; महा. 2, छ.सं. रक्खना

[5] महा. 2, छ.सं. किन्

[6] महा. 2, छ.सं. मनुसस्स

अत्ता व नियतो ञाति, अत्ता व नियतो रिपु॥

अनुवाद

मनुष्य स्वयं ही अपना बंधु है और स्वयं ही अपना शत्रु। स्वयं ही निश्चित रूप से अपना बन्धु-बान्धव (सगा) है और स्वयं ही निश्चित रूप से शत्रु।

स्रोत- महाभा. 13.6.27:

आत्मैव ह्यात्मनो बन्धुर्, आत्मैव रिपुरात्मनः।
आत्मैव चात्मनः साक्षी, कृतस्याप्यकृतस्य च।।

तुलना महाभा. 5.34.62, 6.28.5. देखें इस्. 923 (चिह्नित-पवोलिनि 19.07: 611), महा.सु.सं. 4676.

नोट- बौद्ध संदर्भ को देखते हुए 'अत्ता' शब्द का अनुवाद 'स्वयं' किया गया है। यद्यपि जिस स्रोत से इस गाथा को लिया गया है वहाँ 'अत्ता' शब्द 'आत्मा' के अर्थ में है।

29. **अत्तनो परिचागेन, यं सितमनुरक्खनं।**
करोन्ति सज्जना येव, न तं नीतिमतामतं॥

अनुवाद

केवल सज्जन ही अपने (हित) का परित्याग करके (अपने) आश्रित का जो अनुरक्षण करते हैं वह नीतिकारों के मत के अनुरूप नहीं हैं?

30. **तिणानि भूमिरुदकं[1], चतुत्थी वाक्यसुद्धुता[2]।**

---

[1] महा. 1 भूमिरूदकं
[2] महा. 1 भूमिसुद्धुका

एतानि हि सतं[1] गेहे, नोच्छिज्जन्ते[2] कदाचि पि॥

अनुवाद

तिनका (का आसन), (बैठने की) भूमि, जल तथा चौथी अच्छी वाणी- इनकी सज्जनों के घर में कभी भी कमी नहीं होती।

स्रोत- हितो.का. 1.60:

तृणानि भूमिरुदकं, वाक्चतुर्थी च सूनृता।
एतान्यपि सतां गेहे, नोच्छिद्यन्ते कदाचन।।

और हितो.पे. 1.45, हितो.ज. 1.61 (चिह्नित- ग्रे 1886: 67); तुलना पंच.पुर्न. 1.131, पंच.कीलहौर्न 1.171, पंच.कोसेगर्टेन 1.187, शार्ङ्ग.ध.प. 642, सूक्ति.र.हा. 23.7, महाभा. 3.2.52 और 5.36.32, मनु. 3.101. देखें सु.र.भ. 163.444, इस्. 2589.

31. **अम्बुं पिवन्ति नो नज्जो, रुक्खा[3] खादन्ति[4] नो फलं।
मेघा[5] क्वचि पि नो सस्सं, परत्थाय सतं धनं॥**

अनुवाद

नदियाँ अपना जल स्वयं नहीं पीतीं, वृक्ष अपना फल स्वयं नहीं खाते, (वर्षा देने वाले) बादल कभी (अपने कारण उपजे) अनाज नहीं खाते, (इसी प्रकार) सज्जनों का धन दूसरे के लिए होता है।

स्रोत- सूक्ति.र.हा. 36.32:

---

[1] महा. 1 निरस्त

[2] महा. 2, छ.सं. नोछिन्दन्ते

[3] महा. 2, छ.सं. रुक्खो

[4] महा. 2, छ.सं. खादति

[5] महा. 2, छ.सं. मेघो

पिबन्ति नद्यः स्वयमेव नाम्भः, खादन्ति न स्वादुफलानि वृक्षाः।
पयोधरो न क्वचिदत्ति सस्यं, परोपकाराय सतां विभूतिः।।

(उपजाति छंद) देखें सु.र.भ. 49, 170, सु.रत्नाकर 13.29, इस्. 4082 (चिह्नित- पवोलिनि 1907: 613).

32. **सतं फरुसवाचाहि, न याति विकतिं मनो।**
तिणुक्काहि न सक्का व, तापेतुं सागरे जलं॥

अनुवाद

कठोर वचनों से सज्जन के मन में विकृति नहीं आती। घास के मशालों से समुद्र के जल को तपाया नहीं जा सकता।

स्रोत- व्यास (सि) 3 (चिह्नित बेज्हर्ट 1964):

साधोः परुषवाक्यैश्च, न मनो याति विक्रियाम्।
न हि तापयितुं शक्यं, सागराम्भस्तृणोल्कया।।

सूक्ति.र.हा. 34.4; व्यास 3, हितो.का. 1.87, हितो.पे. 1.63, पंच.एङ्गर्टेन 2.12, पंच.हर्टेल 2.23. देखें सु.र.भ. 45.23, इस्. 6995.

33. **सम्पत्यं महत्तं चेतो, भवत्युप्पलकोमलं।**
विप्पत्यञ्च महासेले, सिलासङ्घाटकक्कसो[1]॥

अनुवाद

महान् लोगों का चित्त सम्पत्ति पाकर कमल की तरह कोमल और विपत्ति में पर्वत में (पाये जानेवाले) चट्टानों के ढेर की तरह कठोर हो

---

[1] छ.सं. सिलासङ्घादकक्कसो

जाता है।

34. **अत्थं महन्तमासज्ज[1], विज्जं सम्पत्तिमेव च।**
विचरेय्यमानथद्धो[2], पण्डितो सो पवुच्चति॥

अनुवाद

प्रचुर अर्थ विद्या और सम्पत्ति को प्राप्त करके भी जो निरभिमानी और दयालु होकर जीवन बिताये, वही ज्ञानी कहलाता है।

स्रोत- महाभा. 5.33.39:

अर्थं महान्तमासाद्य, विद्यामेश्वर्यमेव च।
विचरत्यसमुन्नद्धो यः, स पण्डित उच्यते।।

देखें इस्. 588, महा.सु.सं. 2911 (चिह्नित- बेज्हर्ट और ब्राउन 1981: 37).

35. **नालब्भमभिपत्थेन्ति, नेव[3] नट्ठम्पि सोचरे[4]।**
विप्पत्यश्च न मुय्हन्ति, ये नरा ते व पण्डिता[5]॥

अनुवाद

जो मनुष्य अलभ्य (जिसे प्राप्त नहीं किया जा सके) की लालसा नहीं करते, जो नष्ट हो गया है उसके लिये शोक नहीं करते तथा विपत्ति में मोहग्रस्त नहीं होते वे ही ज्ञानी हैं।

स्रोत- हितो.का. 1.167:

---

[1] महा. 2, छ.सं. महन्तमापज्ज

[2] महा. 2, छ.सं. चरेय्यामानथद्धो यो

[3] महा. 2, छ.सं. निरस्त

[4] महा. 2, छ.सं. नचसोचरे

[5] छ.सं. पण्डितो

नाप्राप्यमभिवाञ्छन्ति नष्टं, नेच्छन्ति शोचितुम्।
अपत्स्वपि न मुह्यन्ति, नराः पण्डितबुद्धयः।।

और हितो.पे. 1.127; महाभा. 5.33.23. देखें सु.र.भ. 163.458, इस्. 3596, चा.रा.संसो. 1629 (चिह्नित- बेज्हर्ट और ब्राउन 1981: 37).

36. **गण्ठिट्ठाने एकपदे, नातिमञ्ञेय्य पण्डितं[1]।**
किमक्को[2] वेळुपब्भारे[3], तिमहादीपभानुदो॥

अनुवाद

(शास्त्र में आनेवाले) कठिन स्थल से युक्त किसी एक पद की भी ज्ञानी उपेक्षा न करे (अर्थात् उसे कमतर न आंके)। सूर्य जो तीनों महाद्वीपों में प्रकाश देनेवाला है, वह उस झुरमुट में जहाँ बांस-ही-बांस है (वेळुपमार) क्या कर सकता है? (अर्थात् वहाँ आलोकित नहीं कर सकता)।

37. **गुणदोसेसु एकेन[4], नत्थि कोचि विवज्जितो ।**
सुखुमालस्स पदुमस्स, नळो[5] भवति कक्कसो[6]॥

अनुवाद

कोई भी बिना किसी गुण या दोष के नहीं होता; कोमल कमल का

[1] महा. 2, छ.सं. पण्डितो
[2] महा. 2, छ.सं. किं अक्को
[3] महा. 2, छ.सं. वेळुपब्भारो
[4] महा. 2, छ.सं. °मेकेन
[5] महा. 2, छ.सं. नळा
[6] महा. 2, छ.सं. कक्कसा

डंठल (नाल) भी रुखड़ा होता है।
स्रोत- चा.सा.संग्रह 2.64:

दोषोऽप्यस्ति गुणोऽप्यस्ति, निर्गुणेष्वपि जन्तुषु।
सुकुमारस्य पद्मस्य, नालो भवति कर्कशः।।

व्यास 50, व्यास (सि)46, सु.अर्णव 194, 259. देखें इस्. 2988 (चिह्नित- पवोलिनि 1907: 611), चा.रा.संसो. 496.

38. सुमहन्तानि सत्थानि, धारयन्तो[1] बहुस्सुता।
छेत्तारो संसयानन्तु, क्लिस्सन्ते[2] लोभमोहिता[3]॥

अनुवाद
बहुत बड़े-बड़े शास्त्रों को पढ़ने तथा सुनने वाले और संदेहों को दूर करने वाले ज्ञानी भी लोभ वश दुःख भोगते हैं।
स्रोत- हितो.का. 1.26:

सुमहान्त्यपि शास्त्राणि, धारयन्तो बहुश्रुताः।
छेत्तारः संशयानां च, क्लिश्यन्ते लोभमोहिताः।।

और हितो.पे. 1.20, सूक्ति.र.हा. 87.6. देखें सु.र.भ. 163.440, इस्. 7123 (चिह्नित- बेज्हर्ट और ब्राउन 1981: 37).

39. दोसं पि[4] सगुणे दिस्वा, गुणवादी वदन्ति नो[5]।

---

[1] महा. 2, छ.सं. धारयन्तो
[2] महा. 2, छ.सं. किलन्ते
[3] महा. 2, छ.सं. लोभमोहता
[4] छ.सं. दोसम्पि
[5] महा. 1 न

न लोको विज्जमानम्पि, चन्दे पस्सति लञ्छनं॥

अनुवाद

गुणवादी गुणवान में दोष देखकर उसे नहीं कहते हैं (अर्थात् उसे प्रकट नहीं करते)। चन्द्रमा में भी विद्यमान कलंक को संसार नहीं देखता।

40. **निपुणे सुतमेसेय्य, विचिनित्वा सुतत्थिको।**
भत्तं हुक्खलियं पक्कं, भाजने[1] पि तथा भवे॥

अनुवाद

जिज्ञासु लोग निपुण व्यक्तियों की अच्छी तरह से छानबीन कर उनसे विद्या प्राप्ति की इच्छा करे। जिस बर्तन में भात पकाया जाता है, वह बर्तन की तरह ही हो जाता है।

41. **गुणा कुब्बन्ति दूतत्तं, दूरे पि वसतं सतं।**
केतके गन्धमाघाय[2], गच्छन्ति भमरा सयं॥

अनुवाद

दूर में बसने वाले सज्जनों के गुण ही उनके दूत का काम करते हैं। केतकी (केवड़ा) की सुगंध सूंघ कर भ्रमर स्वयं (केतकी के पास) चले जाते हैं।

स्रोत– चा.सा.संग्रह 1.45:

गुणाः कुर्वन्ति दूतत्वं, दूरेऽपि वसतां सतम्।
केतकीगन्धमाघ्राय, स्वयं गच्छन्ति षट्पदाः।।

---

[1] महा. 2, छ.सं. भाजनं

[2] महा. 2 गन्धघासाय, छ.सं. गन्ध घासाय

और ल.चा. 7.2, शार्ङ्ग.ध.प. 290, तुलना ध.प. 54. देखें सु.र.भ. 81.1, सु.रत्नाकर 52.1, इस्. 2128 (चिह्नित- पवोलिनि 1907: 611), चा.रा.संसो. 343.

42. **पण्डितो सुतसम्पन्नो, यत्थ अत्थीति चे सुतो।**
महुस्साहेन तं ठानं, गन्तब्बं व[1] सुतेसिना[2]॥

अनुवाद

यदि किसी स्थान पर विद्वत्ता से परिपूर्ण ज्ञानी व्यक्ति है ऐसा सुनने में आये, तो ज्ञानगवेषी व्यक्ति को बड़े उत्साह के साथ उस स्थान पर जाना चाहिए।

43. **सब्बं[3] सुतमधीयेथ[4], हीनमुक्कट्ठमज्झिमं।**
सब्बस्स अत्थं जानेय्य, न च सब्बं पयोजये।
होति तादिसको कालो, यत्थ अत्थावहं[5] सुतं॥

अनुवाद

हीन, मध्यम तथा उत्कृष्ट सभी विद्याओं को सीखे, सभी का अर्थ भी जाने, किन्तु सभी का प्रयोग न करे। वैसा समय आ सकता है जब ये विद्याएं काम में आ सकती हैं।

स्रोत- जातक- 373 मूसिकजातक. (चिह्नित- बेज्हर्ट और ब्राउन

---

[1] छ.सं. -

[2] महा. 2 सतरेसिना, छ.सं. सुतरेसिना

[3] महा. 1, छ.सं. सब्ब

[4] महा. 1 सत्थं विजानेय्य, छ.सं. सुतं मधीयेथ

[5] महा. 1 सुतावहं

1981: 35).देखें कौसल्यायन iii.379.
नोट- जातक अट्ठ. के अनुसार यह गाथा शास्ता ने वेळुवन में विहार करते समय अजातशत्रु के बारे में कही।

44. **ठितो चिरत्तनं नीरे, सक्खरो नन्तरस्सुतो[1]।**
दब्भो[2] नीरन्तिके[3] जातो, सब्बकालन्तरस्सुतो[4]॥

अनुवाद

हमेशा पानी में रहने पर भी, समय बीतने पर भी पत्थर नहीं बढ़ता। पानी के किनारे जनमी दूब घास बराबर बढ़ती ही रहती है।

45. **वसुं गण्हन्ति दूरट्ठा, पब्बते रतनोचिते।**
न मिलक्खा समीपट्ठा, एवं बाला बहुस्सुते॥

अनुवाद

दूर में रहनेवाले (लोग) रत्नों से परिपूर्ण पर्वत में धन को ग्रहण करते है; समीप में रहने वाले म्लेच्छ नहीं। इसी प्रकार मूर्ख, ज्ञानी (के निकट रहने पर भी ज्ञान प्राप्ति नहीं कर पाते)।

46. **हिरञ्ञेन मिगानं व, सुसीलं पि असीलिनो।**
अधम्मिकस्स धम्मेन, बालानं पि सुतेन किं॥

अनुवाद

---

[1] महा. 2, छ.सं. नन्तरंसुतो
[2] महा. 1 दब्बो
[3] महा. 1 निरन्तिके
[4] महा. 2, छ.सं. °न्तरंसुतो

जैसे मृगों को सोने से, बिना शील वालों को शील से और अधार्मिक को धर्म से कोई सरोकार नहीं होता है वैसे ही मूर्खों को ज्ञान से क्या सरोकार?

47. **सुतेन हदयट्ठेन, खलो नेव सुसीलवा।**
मधुना कोटरट्ठेन, निम्बो किं मधुरायते॥

अनुवाद

हृदय में स्थित ज्ञान से दुष्ट (खल) कभी शीलवान नहीं होता। कोटर [पेड़ का वह खोखला अंश या भाग जिसमें पक्षी, साँप आदि रहते हैं] में रखे मधु से क्या नीम (का वृक्ष) कभी मीठा हो सकता है?

48. **सकिं पि विञ्ञु धीरेन, करोति सह सङ्गमं।**
अत्तत्थञ्च परत्थञ्च, निब्बानन्तं सुखं लभे॥

अनुवाद

यदि कोई बुद्धिमान् व्यक्ति किसी बुद्धिमान् व्यक्ति से एक बार भी भेंट या संगति करता है तो वह अपने कल्याण का और दूसरे के कल्याण का निर्वाण में प्राप्त परम सुख को प्राप्त करता है।

49. **हंसो मज्झे न काकानं, सीहो गुन्नं न सोभति।**
गद्रभानं तुरङ्गो नो, बालानञ्च न पण्डितो॥

अनुवाद

(जिस प्रकार) कौओं के बीच में हंस, बैलों के बीच में सिंह, गधों के बीच में घोड़ा शोभायमान नहीं होता, (उसी प्रकार) मूर्खों के बीच में ज्ञानी शोभायमान नहीं होते।

स्रोत- चा.रा.संसो. 1108:

हंसो न भाति बलिभोजनवृन्दमध्ये,
गोमायुमण्डलगतो न विभाति सिंहः।
जात्यो न भाति तुरगः खरयूथमध्ये,
विद्वान्न भाति पुरुषेषु निरक्षरेषु।।

वृद्ध.चा. 8.7, चा.रा.नी.शा. 8.125, प्रश 101.

50. **आकिण्णो पि असब्भीध[1], असंसट्ठो व भद्दको।**
बहुना सन्नजातेन, गच्छे नुम्मत्तकेनिव[2]।।

अनुवाद

असज्जनों से घिरे रहकर भी सभ्य व्यक्ति उनसे प्रभावित नहीं होता है। जिस प्रकार धतूरे के पौधे से घिरे रहकर भी अन्य वृक्ष उन्मत्त नहीं होते।

51. **नदीतीरे[3] खते कूपे, अरणीतालवण्टके।**
न वदापादि[4] नत्थीति, मुखे च वचनं तथा।।

अनुवाद

ऐसा कहना उचित नहीं होगा कि नदी किनारे खोदे गए कुआँ में पानी नहीं है, अरणि में अग्नि नहीं है तथा मुख में वाणी नहीं है।

नोट– अरणि/अरणी– पु./स्त्री.– आग उत्पन्न करने वाली लकड़ी, शमी की लकड़ी के टुकड़े जिनके घर्षण से आग उत्पन्न की जाती है।

---

[1] महा. 2, छ.सं. असब्भीव

[2] महा. 2, छ.सं. °केनिध

[3] छ.सं. °तिरे

[4] महा. 2, छ.सं. वदे आपादि

52. **सुतसन्निच्चया धीरा, तुण्हीभूता[1] अपुच्छिता।**
पुण्णा सुभासितेनापि, घण्डाद्यघटिता यथा॥

अनुवाद

ज्ञान का संचय किए हुए धीर पुरुष सुभाषितों के भण्डार होते हुए भी जब तक पूछा न जाए तबतक ऐसे चुप रहते है जैसे बिना बजाये घण्टा आदि (नहीं बजते)।

53. **अपुट्ठो पण्डितो भेरी, पज्जुन्नो होति पुच्छितो।**
बालो पुट्ठो अपुट्ठो पि[2], बहुं विक्तथते[3] सदा॥

अनुवाद

नहीं पूछे जाने पर (बिन बजाये) ढोल की तरह (शांत) रहने वाला ज्ञानी व्यक्ति, पूछे जाने पर मेघ की तरह (गरजता) है। मूर्ख व्यक्ति पूछने पर और नहीं पूछने पर भी हमेशा बहुत सारी बकवास करता है।

54. **सम्पन्नगुणालङ्कारो, सब्बसत्तहितावहो।**
न चरेय्य परत्तत्थं, कुतो सो पण्डितो भवे॥

अनुवाद

गुणों के अलङ्करणों से सम्पन्न तथा सभी प्राणियों का हित करने वाला (व्यक्ति) यदि दूसरे के कल्याण के लिये आचरण न करे तो वह ज्ञानी कैसे हुआ?

---

[1] छ.सं. तुण्हि°

[2] महा. 2, छ.सं. च

[3] छ.सं. विकत्तते

55. **सपरत्थं चरे धीरो, असक्कोन्तो सकं चरे।**
तथा पि च असक्कोन्तो, पापात्तानं वियोजये॥

अनुवाद

बुद्धिमान् पुरुष अपने और दूसरों के हित के लिये आचरण करे। यदि ऐसा न कर सके तो अपने हित के लिये करे। यदि ऐसा भी न कर सके तो अपने को पापियों से दूर रखे।

56. **बाले चुम्मत्तके भूपे, गुरुमातापितूस्वपि।**
न दोसं करिया पञ्ञो, सङ्घे च जेट्ठभातरि॥

अनुवाद

मूर्ख, पागल, राजा, गुरु, माता, पिता, सङ्घ तथा बड़े भाई से ज्ञानी कभी भी द्वेष नहीं करे।

57. **अत्थनासं मनोतापं, घरे दुच्चरितानि च।**
वञ्चनं अवमानञ्च, मतिमा न पकासये॥

अनुवाद

बुद्धिमान् व्यक्ति धन की हानि, मन की जलन, घर में होने वाले दूषित काम, अनादर और अपने ठगे जाने की बात को प्रकाशित नहीं करें।

स्रोत: चा.नी.दर्पण 7.1:

अर्थनाशं मनस्तापं, गृहे दुश्चरितानि च।
वञ्चनं चापमानं च, मतिमान्न प्रकाशयेत्॥

और, वृद्ध.चा. 5.11, चा.नी.शास्त्र. 32, हितो.ज. 1.138 (चिह्नित-ग्रे 1886: 48), हितो.का. 1.130, हितो.पे. 1.98, गरुड. 1.109.15, शार्ङ्ग.ध.प. 1458, सूक्ति.र.हा. 191.48, सी.नी. 18, नी.शा.वि. 33; चा.रा.नी.शा. 2.22. देखें सु.र.भ. 153.28,

सु.रत्नाकर 230.5, इस्. 583, चा.रा.संसो. 87, महा.सु.सं. 2920. पाद 4 तुलना चा.नी.दर्पण 14.17.4.

58. **परदारं[1] जनेत्तीव[2], लेड्डुवा[3] परदब्बकं।**
अत्ताव[4] सब्बभूतानि, यो पस्सति सो[5] पस्सति[6]॥

अनुवाद
पराई स्त्री को माता के समान, पराये धन को ढेले के समान तथा सभी प्राणियों को जो अपने समान देखता है वही (यथाभूत) देखता है।
स्रोत- चा.नी.शास्त्र. 3:

मातृवत्परदारेषु, परद्रव्येषु लोष्ठवत्।
आत्मवत्सर्वभूतेषु, यः पश्यति स पण्डितः।।

और हितो.ज. 1.13 (चिह्नित- ग्रे 1886: 48), हितो.का. 1.14 और 4.134, हितो.पे. 4.132, गरुड. 1.111.12.

59. **परापवादे[7] बधिरो[8], परछिद्देस्वलोचनो[9]।**
पङ्गुलो अञ्ञनारीसु, दुस्सङ्कप्पेस्वचेतनो[1]॥

---

[1] छ.सं. परदानं
[2] महा. 1 जनेत्ति व, महा. 2 जनेत्ती व
[3] महा. 1 लेड्डुं व, महा. 2, छ.सं. लेट्टुव
[4] महा. 1 अत्तं व, महा. 2, छ.सं. अत्ता व
[5] महा. 2, छ.सं. सो
[6] महा. 1 पण्डितो
[7] महा. 2, छ.सं. परूपवादे
[8] छ.सं. पधिरो
[9] महा. 2, छ.सं. परवज्जेस्वलोचनो

अनुवाद
दूसरों की निन्दा किए जाने के समय बहरा, दूसरे का दोष दिखाते समय अंधा, दूसरे की पत्नी देखकर लंगड़ा और अनुचित संकल्पों के प्रति उदासीन होना चाहिए।
स्रोत- व्यास (सि) 35 (चिह्नित बेज्हर्ट 1964):

परापवादे बधिरः, परच्छिद्रेष्वलोचनः।
पङ्गुः कर्मस्वनार्येषु, दुस्संकल्पेष्वचेतनः।।

व्यास 39.

60. **सब्बं सुणाति सोतेन, सब्बं पस्सति चक्खुना।**
न च दिट्ठं सुतं धीरो, सब्बमुज्झितुमरहति[2]॥

अनुवाद
कान से सबकुछ सुनता है, आँख से सबकुछ देखता है, लेकिन धीर (शांत स्वभाववाला/विनीत) पुरुष सभी देखे और सुने को त्यागने योग्य नहीं समझता।
स्रोत- थेरगाथा- 8. अट्ठकनिपातो- 1. महाकच्चायनत्थेरगाथा- गा.सं. 500 (चिह्नित- बेज्हर्ट और ब्राउन 1981: 38).

61. **चक्खुमस्स यथा अन्धो, सोतवा बधिरो[3] यथा।**
पञ्ञावाऽस्स यथा मूगो, बलवा दुब्बलोरिव।

---

[1] महा. 2, छ.सं. दुस्सकप्पेस्वचेतनो
[2] छ.सं. सब्बं उच्चितुमरहति
[3] छ.सं. पधिरो

अथ अत्थे समुप्पन्ने, सयेथ मतसायिकं[1]॥

अनुवाद

सांसारिक विषयों के सामने आने पर, आँख रहते (न देखने योग्य रूपों के प्रति) अंधा के समान, कान रहते (न सुनने योग्य शब्दों को सुनने में) बहरा के समान, प्रज्ञावान् रहते (न बोलने योग्य बातों को कहने के लिए) गूँगा के समान और बलवान् रहते (न करने योग्य कामों को करने में) दुर्बल के समान बन जाना चाहिए मानो जैसे कोई सोया हुआ या मरा हुआ हो।

स्रोत- थेरगाथा- 8. अट्ठकनिपातो- 1. महाकच्चायनत्थेरगाथा- गा.सं. 501, (चिह्नित- बेज्हर्ट और ब्राउन 1981: 38); मिलिन्द. 333.

नोट- इस गाथा को महाकच्चायन थेर के द्वारा कहा गया था। *मिलिन्दपञ्ह* में उपरोक्त गाथा को *ओप्पमकथापञ्ह* के अन्तर्गत महाकच्चायन को उद्धरित करते हुए मुर्गे के पाँच गुणों को बतलाने के क्रम में कहा गया है कि "मुर्गे को आँख रहते भी रात के समय अंधा हो जाता है वैसे ही, योग साधना करने वाले भिक्षु को अंधा नहीं होते भी अंधा बन कर रहना चाहिए- जंगल में भी, गाँव में भी, भिक्षाटन करते समय भी मन को खीचने वाले रूप, शब्द, गन्ध, रस, और स्पर्श के प्रति अंधा, बहरा और गूँगा हो कर रहना चाहिए। किसी में मन लगाना नहीं चाहिए, किसी में स्वाद लेना नहीं चाहिए।"

62. **पापमित्ते विवज्जेत्वा, भजेय्युत्तमपुग्गलं।**

---

[1] छ.सं. मतसायितं

ओवादे चस्स तिट्ठेय्य, पत्थेन्तो अचलं सुखं॥

अनुवाद

बुरे मित्रों को त्याग कर उत्तम व्यक्ति की संगति करे। अचल सुख की कामना करते हुए उसके अनुशासन में स्थित हो।

स्रोत- थेरगाथा- 16. विमलत्थेरगाथा- गा.सं. 264, (चिह्नित- बेज्हर्ट और ब्राउन 1981: 47).

63. **सुसुसा सुतवड्ढनी[1], सुतं पञ्ञाय वड्ढनं।**
पञ्ञाय अत्थं जानाति, ञातो अत्थो सुखावहो॥

अनुवाद

सुनने की इच्छा शास्त्रज्ञान बढ़ाने में सहायक होती है और शास्त्रज्ञान प्रज्ञा को बढ़ाता है। प्रज्ञा से परमार्थ का ज्ञान होता है, जाना हुआ परमार्थ सुख देता है।

स्रोत- थेरगाथा- 2. दुतियवग्ग- 1. महाचुन्दत्थेरगाथा- गा.सं. 141, (चिह्नित- बेज्हर्ट और ब्राउन 1981: 36).

टिप्पणी

गाथा की रचना के अनुसार पहली अवस्था दूसरे के विकास का सहायक है और दूसरी तीसरे का।

अत्थ- 'अत्थ' शब्द का तात्पर्य बौद्ध दर्शन के दृष्टिकोण से 'परमार्थ' किया गया है। 'परमार्थ' अर्थात् 'निर्वाण'।

64. **पामोज्जकरणं ठानं, पसंसावहनं सुखं।**

---

[1] छ.सं. सुतवड्ढनं

फलानिसंसो भावेति, वहन्तो पोरिस्सं धुरं॥

अनुवाद
जो मनुष्य के कर्तव्य का निर्वाह करता हुआ आनन्द को उत्पन्न करने वाले कारण को प्रसन्नता एवं सुखपूर्वक धारण करता है तथा फल की प्राप्ति की कामना से (उस कारण का) बारम्बार अभ्यास करता है।

स्रोत- सुत्तनिपात- 2. चूळवग्ग- 3. हिरिसुत्त- गा.सं. 4, (चिह्नित- बेज्हर्ट और ब्राउन 1981: 120).

65. **अतिसीतं अतिउण्हं, अतिसायमिदं अहु।**
इति विसट्ठकम्मन्ते, खणा[1] अच्चेन्ति[2] माणवे॥

अनुवाद
अभी बहुत ठंढा है, अभी बहुत गरमी है, अब बहुत देर हो गयी है- इस प्रकार काम को टाल रहे मनुष्यों के क्षण बीत जाते है।

स्रोत- दी.नि. - सिङ्गालसुत्त-3.140; थेरगाथा- मातङ्गपुत्तथेर- 204, (चिह्नित- बेज्हर्ट और ब्राउन 1981: 55).

66. **योच सीतञ्च उण्हञ्च, तिणा भियो[3] न मञ्ञति।**
करं पुरिसकिच्चानि, सो सुखा न विहायति॥

अनुवाद
(और) जो गर्मी, ठंढक आदि को घास के तिनके से अधिक नहीं

---

[1] महा. 1 खणा
[2] महा. 2, छ.सं. अच्चन्ति
[3] छ.सं. तियो

मानता (अर्थात् इनकी तनिक भी परवाह नहीं करता) और पुरुष के योग्य कर्म करता है वह सुख से अलग नहीं होता है।
स्रोत- दी.नि.- सिङ्गालसुत्त-3.140; थेरगाथा, मातङ्गपुत्तथेर- 204, (चिह्नित- बेज्हर्ट और ब्राउन 1981: 51).

67. **यसो[1] लाभं जिगीसन्तं, नरं वज्जेन्ति दूरतो।**
अपत्थेत्वान ते तस्मा, तं मग्गं मग्गये बुधो॥

अनुवाद
यश तथा लाभ खोजने वाले मनुष्य का लोग दूर से ही परिहार करते हैं (अर्थात् दूर से ही उससे बचते हैं)। इसलिए बुद्धिमान् उस मार्ग को तलाशें जिसमें (यश एवं लाभ की) कामना न हो।

68. **देसमोसज्ज गच्छन्ति, सीहा सप्पुरिसा गजा।**
तत्थेव निधनं यन्ति, काका कापुरिसा मिगा॥

अनुवाद
सिंह, सत्पुरुष और हाथी (अनुकूल न होने पर) देश को छोड़कर चले जाते हैं। कौआ, हीनपुरुष और हिरन वहीं पर मृत्यु को प्राप्त होते हैं।
स्रोत- हितो.पे. 1.131:

देशमुत्सृज्य गच्छन्ति सिंहाः सत्पुरुषा गजाः।
तत्रैव निधनं यान्ति काकाः कापुरुषा मृगाः।।

और हितो.का. 1.171; तुलना पंच.पुर्न. 5.27, पंच.कीलहौर्न 1.321, पंच.कोसेगर्टेन 1.20cd और 1.364cd. देखें सु.र.भ.

---

[1] महा. 2, छ.सं. यस

385.336, इस्. 7224 (7118, 3929), (चिह्नित- बेज्हर्ट और ब्राउन 1981: 41).

69. यस्मिं देसे न सम्मानो[1], न पीति[2] न च बन्धवो[3]।
न च विज्जागमो कोचि, न तत्थ वसतिं[4] वसे[5]॥

अनुवाद
जिस देश में न सम्मान मिले, न प्रेम और न जहाँ बन्धु-बान्धव हों और न किसी प्रकार की विद्या की प्राप्ति हो, वहाँ वास नहीं करना चाहिये।
स्रोत- चा.रा.नी.शा. 2.26:

यस्मिन्देशे न सम्मानो, न प्रीतिर्न च बान्धवाः।
न च विद्यागमः कश्चित्, वासं तत्र न कारयेत्॥

तुलना चा.नी.दर्पण 1.8, वृद्ध.चा. 1.9, चा.नी.शास्त्र. 35, हितो.का. 1.105, हितो.पे. 1.77, गरुड. 1.109.20, सी.नी. 86. देखें सु.र.भ. 155.88, सु.रत्नाकर 224.30, इस्. 5352 (चिह्नित- पवोलिनि 1907: 611), चा.रा.संसो. 827.

70. धनवा सोत्तियो[6] राजा, नदी वेज्जो[7] इमे जना।

---

[1] छ.सं. सम्मारो
[2] छ.सं. पिति
[3] महा. 2, छ.सं. बन्धवा
[4] छ.सं. वसती
[5] छ.सं. वस्से
[6] महा. 1 जोतियो, महा. 2, छ.सं. गणको
[7] महा. 2, छ.सं. वेज्जा

यत्थ पञ्च न विज्जन्ते[1], न तत्थ वसतिं[2] वसे॥

अनुवाद

जहाँ धनवान, ज्ञानी, राजा, नदी और वैद्य ये पाँच न हों, वहाँ वास नहीं करना चाहिये।

स्रोत- चा.नी.दर्पण 1.9:

धनिकः श्रोत्रियो राजा, नदी वैद्यस्तु पञ्चमः।
पञ्च यत्र न विद्यन्ते, न तत्र दिवसं वसेत्॥

और वृद्ध.चा. 1.10; तुलना चा.नी.शास्त्र. 34, हितो.पे. 1.78, गरुड. 1.110.26, शार्ङ्ग.ध.प. 1465. देखें सु.र.भ. 153.34, इस्. 3861, चा.रा.संसो. 507 (चिह्नित- बेज्हर्ट और ब्राउन 1981: 40).

71. **असनं भयमन्तानं, मज्झानं[3] मरणं भयं।**
उत्तमानन्तु सब्बेसं, अवमानं परं भयं॥

अनुवाद

अधम श्रेणी के लोगों को भूख से तथा मध्यम श्रेणी के लोगों को मृत्यु से भय होता है। परन्तु उत्तम श्रेणी के सभी लोगों के लिए अपमान सब से बड़ा भय होता है।

स्रोत- चा.रा.नी.शा. 8.11:

अवृत्तिर्भयमन्त्यानां, मध्यानां मरणात्भयम्।
उत्तमानां तु सत्वानाम्, अवमानात् परं भयम्॥

---

[1] महा. 1 विज्जन्ति

[2] छ.सं. वसती

[3] छ.सं. मच्चानं

और सु.वल्लभ. 204, महाभा. 5.34.50; तुलना चा.नी.शास्त्र. 82. देखें सु.र.भ. 80.26, इस्. 702, चा.रा.संसो. 101, महा.सु.सं. 3417 (चिह्नित- बेज्हर्ट और ब्राउन 1981: 69).

72. **अमानना यत्थ सिया[1], सन्तानं अवमानना।**
हीनसम्मानना[2] वापि, न तत्थ वसतिं[3] वसे॥

अनुवाद
जिस जगह सज्जनों का मान न हो अथवा अपमान हो तथा हीन (पुरुषों) का सम्मान हो, वहाँ वास न करे।
स्रोत- जातक- 379 नेरुजातक (चिह्नित- बेज्हर्ट और ब्राउन 1981: 41). देखें कौसल्यायन iii.404-5.
नोट- जातक अट्ठ. के अनुसार यह गाथा शास्ता ने जेतवन में विहार करते हुए एक भिक्षु के बारे में कही।

73. **यत्थालसो च दक्खो च, सूरो भीरु च पूजिया[4]।**
न सन्तो[5] तत्थ वस्सन्ति[6], अविसेसकरे[7] नरो[8]॥

---

[1] महा. 1 सन्तो
[2] छ.सं. हीनसमानना
[3] छ.सं. वसति
[4] महा. 2, छ.सं. पूजितो
[5] महा. 2, छ.सं. सन्ता
[6] आ.कौ. iii.404 निवसन्ति
[7] महा. 2, छ.सं. अविसेसकरेन
[8] महा. 2, छ.सं. को, आ.कौ. iii.404 नगे

अनुवाद

जहाँ आलसी और दक्ष, वीर और डरपोक पुरुष बिना विशेषता के एक साथ पूजे जाते हैं, मनुष्यों के बीच कोई भेद न करने वाले उस स्थान में सन्त वास नहीं करते।

स्रोत- जातक- 379 नेरुजातक (चिह्नित- बेज्हर्ट और ब्राउन 1981: 41). देखें कौसल्यायन iii.404-5.

नोट- जातक अट्ठ. के अनुसार शास्ता ने यह गाथा जेतवन में विहार करते समय किसी एक भिक्षु के बारे में कही।

74. **दुक्खो निवासो सम्बाधे, ठाने असुचिसङ्कटे।**
ततोऽरिम्हिऽपियानन्ते, ततो च अकतञ्ञुनं॥

अनुवाद

उस स्थान पर जहाँ भीड़ हो, गंदगी का ढेर हो वास करना दुःखद है। उससे बड़ा दुःख है शत्रुओं को प्रिय मानते हुए उनके बीच रहना, तथा उससे भी बड़ा दुःख है अकृतज्ञ के साथ रहना।

75. **सिङ्गीनं[1] पञ्चहत्थेन[2], सतेन वाजिनं चजे।**
हत्थीनन्तु सहस्सेन, देसचागेन दुज्जनं[3]॥

अनुवाद

सींग वाले जानवर से पाँच हाथ दूर, घोड़े से सौ, हाथी से हजार हाथ

[1] महा. 1 सिङ्गिं

[2] महा. 1 पञ्ञासहत्थेन

[3] महा. 2, छ.सं. दुज्जने

दूर रहना चाहिये तथा दुर्जन से देश त्याग कर भी दूर रहना चाहिये।
स्रोत- नी.शा.वि. 21:

शृंगिनं पञ्चहस्तेन, दशहस्तेन वाजिनम्।
हस्तिनं तु सहस्रेण, देशत्यागेन दुर्जनम्।।

चा.नी.दर्पण 7.7, वृद्ध.चा. 5.17, चा.सा.संग्रह 3.33, चा.नी.शास्त्र. 26, सु.अर्णव 112, सी.नी. 60. देखें सु.र.भ. 161.347, इस्. 6341, 7381, चा.रा.संसो. 973 (चिह्नित बेज्हर्ट और ब्राउन 1981: 54).

76. **चजे एकं कुलस्सत्थं, गामस्सत्थं कुलं चजे।**
गामं जनपदस्सत्थं अत्तत्थं पथविं[1] चजे॥

अनुवाद
कुल के लिये एक का, ग्राम के लिये कुल का, जनपद के लिये ग्राम का और अपने लिये सारी पृथ्वी का त्याग करना चाहिये।
स्रोत- चा.नी.दर्पण 3.10:

त्यजेतेकं कुलस्यार्थे, ग्रामस्यार्थे कुलं त्यजेत्।
ग्रामं जनपदस्यार्थे, आत्मार्थे पृथिवीं त्यजेत्।।

और वृद्ध.चा. 1.7, चा.नी.शास्त्र. 29, चा.रा.नी.शा. 2.3, हितो.ज. 1.159 (चिह्नित- ग्रे 1886: 81), हितो.का. 1.150, हितो.पे. 1.115, पंच.एङ्गर्टेन 1.117, पंच.हर्टेल 1.118, पंच.कीलहौर्न 1.355 और 3.84, शार्ङ्ग.ध.प. 1462, गरुड. 1.109.2, महाभा. 1.107.32, 768*, सी.नी. 14, नी.शा.वि. 30. देखें सु.र.भ.

---

[1] छ.सं. पथवी

153.32, इस्. 2627, चा.रा.संसो. 431.

77. **चलत्येकेन पादेन, तिट्ठत्येकेन पण्डितो।**
नासमिख्य[1] परं ठानं, पुब्बमायतनं चजे[2]॥

अनुवाद
बुद्धिमान् चलते हुए एक ही पैर आगे बढ़ाता है (और) दूसरा अपने स्थान पर टिकाये रखता है। दूसरे स्थान को बिना परखे हुए पहले वाले स्थान को नहीं छोड़ना चाहिए।

स्रोत- वृद्ध.चा. 1.8:

चलत्येकेन पादेन, तिष्ठत्येकेन पण्डितः।
नासमीक्ष्य परं स्थानं, पूर्वमायतनं त्यजेत्।।

और पंच.पुर्न. 1.77, शार्ङ्ग.ध.प. 1463; तुलना चा.रा.नी.शा. 2.9, चा.नी.शा. 30, हितो.का. 1.103, हितो.पे. 1.75, गरुड. 1.109.4, सु.अर्णव 172, सी.नी. 46, नी.शा.वि. 13. देखें सु.र.भ. 154.35, इस्. 2264 (चिह्नित- पवोलिनि 1907: 611), चा.रा.संसो. 365.

78. **ठानभट्ठा न सोभन्ति, दन्ता केसा[3] नखा नरा।**
इति विञ्ञाय मतिमा,[4] सठानं न लहुं चजे[5]॥

---

[1] महा. 2, छ.सं. असमिख्य
[2] पाद 4 महा 1 न पुब्बं आलयं चजे, महा. 2, छ.सं. पुब्बमायनं न चजे
[3] महा. 1 केसा दन्ता
[4] महा. 2, छ.सं. पाद 3 मतिमा इति विञ्ञाय
[5] महा. 2, छ.सं. पाद 4 सठानं न चजे लहुं

अनुवाद

स्थान भ्रष्ट (च्युत) होने पर (अर्थात् अपनी जगह पर न रहने से) दांत, केश, नख और मनुष्य शोभा नहीं पाते। बुद्धिमान् इस बात को जानकर अपने स्थान को कुछ क्षण के लिए भी न त्यागे।

स्रोत– हितो.का. 1.170:

स्थानभ्रष्टा न शोभन्ते, दन्ताः केशा नखा नराः।
इति विज्ञाय मतिमान्, स्वस्थानं न परित्यजेत्।।

और हितो.पे. 1.130; तुलना पंच.पुर्न. 2.118, पंच.एङ्गर्टेन 2.57, पंच.हर्टेल 2.92, चा.रा.नी.शा. 8.70, गरुड. 1.115.73, सु.अर्णव 103, 171, 219. देखें सु.र.भ. 86.6, इस्. 7223 (चिह्नित-पवोलिनि 1907: 611), 5750, चा.रा.संसो. 1095.

79. **चजे धनं अङ्गवरस्स हेतु,**
अङ्गं चजे जीवितं[1] रक्खमानो।
अङ्गं धनं जिवितञ्चापि सब्बं,
चजे नरो धम्ममनुस्सरन्तो।।

अनुवाद

श्रेष्ठ अंग की रक्षा के लिये धन का त्याग करे, जीवन की रक्षा के लिए अंग का त्याग करे। मनुष्य धम्म का अनुस्मरण करते हुए अंग, धन तथा जीवन सभी का त्याग करे।

स्रोत– जातक– 537 महासुतसोमजातक गाथा सं. 470. देखें कौसल्यायन v.576, पाद 1 *चजे धनं यो पन अंगहेतु*; विसुद्धिमग्ग 1.44.

---

[1] छ.सं. जिवितं। छंद (इन्दवजिरा) के अनुसार जिवितं पाठ होना चाहिए।

नोट- इस गाथा को शास्ता ने जेतवन में विहार करते हुए अंगुलिमाल स्थविर के बारे में कही।

80. **सोतं सुतेनेव न कुण्डलेन,**
दानेन पाणी न तु कङ्कणेन।
आभाति कायो पुरिसुत्तमस्स,
परोपकारेन न चन्दनेन॥

अनुवाद

धार्मिक ज्ञान के सुनने से कान की शोभा (उपयोगिता) बढ़ती है कुण्डल से नहीं; दान देने से हाथ की शोभा बढ़ती है कंगन पहनने से नही और उत्तम (श्रेष्ठ) पुरुष के शरीर की आभा परोपकर करने से बढ़ती है चन्दन के लेप से नहीं।

स्रोत- शतक.सु.सं. 54:

श्रोत्रं श्रुतेनैव न कुण्डलेन, दानेन पाणिर्न तु कङ्कणेन।
विभाति कायः करुणापराणां, परोपकारेण न चन्दनेन।।

(उपजाति छंद) तुलना चा.नी.दर्पण 17.12, सु.अर्णव 100. देखें सु.र.भ. 75.12, सु.रत्नाकर 103.5, इस्. 6586 (चिह्नित-पवोलिनि 1907: 611) और 2763, चा.रा.संसो. 2001.

2. सम्भेदकथा
सम्भेदकथा

81. **सत्थकब्बविचारेन[1], कालो गच्छति धीमतं।**
ब्यसनेन असाधूनं, निद्दाय कलहेन वा॥

अनुवाद

शास्त्र एवं काव्य के चिन्तन से बुद्धिमान् का और दुर्व्यसन, नींद एवं कलह से दुष्टों का समय व्यतीत होता है।

स्रोत- व्यास 58:

शास्त्रकाव्यविनोदेन, कालो गच्छति धीमताम्।
व्यसनेन च मूर्खाणां, निद्राय कलहेन वा।।

और व्यास (सि)54, सूक्ति.र.हा. 237.15; पंच.पुर्न. 2.171, हितो.ज.परि. 48 (चिह्नित- ग्रे 1886: 106), हितो.का. 1.1, हितो.पे.परि. 32, शार्ङ्ग.ध.प. 202, सु.अर्णव 224. देखें सु.र.भ. 153.23, इस्. 1711, चा.रा.संसो. 1362.

---

[1] छ.सं. सत्थकप्पविचारेन

82. **सोकट्ठानसहस्सानि**[1]**, भयट्ठानसतानि**[2] **च।**
दिवसे दिवसे मूळ्हं[3]**, आवीसन्ति न पण्डितं**।।

अनुवाद

सहस्रों शोक की और सैंकड़ों भय की बातें मूर्ख पुरुष को दिन पर दिन दुःख देती हैं परन्तु ज्ञानी को नहीं।

स्रोत- हितो.का. 1.3:

शोकस्थानसहस्राणि, भयस्थानशतानि च।
दिवसे दिवसे मूढम्, आविशन्ति न पण्डितम्।।

और हितो.पे. 1.2, हितो.ज. 1.2 (चिह्नित- ग्रे 1886: 106), सूक्ति.र.हा. 266.7, महाभा. 3.2.15, 11.2.13, 12.26.20, 12.168.31, 12.317.2, 18.5.48. देखें सु.र.भ. 162.431, इस्. 6525, चा.रा.संसो. 1994.

83. **अतिदीघो महामूळ्हो**[4]**, मज्झिमो च विचक्खणो।**
वासुदेवं पुरक्खित्वा, सब्बे वामनका सट्ठा[5]**।।**

अनुवाद

ज्यादा लम्बा महामूर्ख होता है, मंझले कदवाला चतुर होता है। (वामन अवतार लेने वाले) वासुदेव (अर्थात् विष्णु) की प्रमुखता वाले सभी बौने शठ (चालाक/मक्कार) होते हैं।

---

[1] छ.सं. सोकठानसहस्सानि

[2] छ.सं. भयठानसतानि

[3] छ.सं. मुळ्हं

[4] छ.सं. महामुळ्हो

[5] सठा पाठ होना चाहिए

स्रोत- व्यास 95:

अतिदीर्घो महामूर्खो, मध्यमश्च विचक्षणः।
वासुदेवं पुरस्कृत्य, सर्वे वामनकाः शठाः।।

व्यास(सि) 81 (चिह्नित- बेज्हर्ट 1964).

नोट- राजबली पाण्डेय (2014: 584) *हिन्दू धर्मकोश* में वामन अवतार के संदर्भ में लिखते हैं कि "विष्णु के दस अवतारों में से वामन अवतार पाँचवाँ है। वामन का शाब्दिक अर्थ है बौना। भगवान् ने यह अवतार असुरों से पृथ्वी को देवों को दिलाने के लिए लिया था। इस कथा का मूल सर्वप्रथम ऋग्वेद के विष्णुसूक्त में पाया जाता है। शतपथ ब्राह्मण में वामन-अवतार का संक्षिप्त वर्णन है। वामनपुराण में उसी को विस्तृत रूप दे दिया गया है। वामनपुराण से यह मालूम होता है कि विष्णु ने कई बार वामन रूप धारण किया था।... विष्णु ने अपने प्रिय देवों की निर्बलता पर दया करके अपनी माया से असुरों को ठगकर उनसे पृथ्वी, स्वर्ग, लक्ष्मी आदि को छुड़ाया।" संभवतः इसलिए ऊपरोक्त गाथा में विष्णु के साथ-साथ सभी बौनों को ठग कहा गया है।

84. **न लोके सोभते मूळ्हो[1], केवलत्तपसंसको।**
अपि सम्पिहितो[2] कूपे, कतविज्जो पकासते।।

अनुवाद

केवल आत्मप्रशंसा करने वाला मूर्ख संसार में शोभा नहीं पाता। बंद कुएँ में भी जिसने विद्या अर्जित की है वह चमकता है, शोभा पाता है।

---

[1] छ.सं. मुळ्हो

[2] महा. 2, छ.सं. सम्पिहिते

85. **मदन्तदमनं सत्थं, खलानं कुरुते मदं।**
चक्खुसङ्खारकं तेजं, उलूकानमिवन्धकं[1]**॥**

अनुवाद

अहंकार का अन्त एवं दमन करने वाला शास्त्र दुष्टों में अहंकार पैदा करता है। जैसे आँख को परिष्कृत करने वाली रोशनी उल्लुओं को अंधा बना देती है।

स्रोत- पंच.पुर्न. 1.367:

मदाधिक्षालनं शास्त्रं, मन्दानां कुरुते मदम्।
चक्षुष्प्रबोधनं तेज, उलूकानामिवान्ध्यकृत्।।

तुलना पंच.हर्टेल 1.147, पंच.एङ्गर्टेन 1.139. देखें इस्. 4668 (चिह्नित- पवोलिनि 1907: 611).

86. **अत्यप्पमपि साधूनं, सिलालेखेव तिट्ठते।**
जललेखेव[2] **नीचानं, यं कतं तं**[3] **विनस्सति**[4]**॥**

अनुवाद

सज्जनों का अल्प कार्य भी पत्थर की लकीर की तरह अमिट है। नीच पुरुषों का कार्य पानी की लकीर की तरह है, जो कार्य वे करते हैं वह शीघ्र मिट जाता है।

स्रोत- व्यास 13:

अत्यल्पमपि साधूनां, सिलालेखेव तिष्ठति।

---

[1] छ.सं. उलुङ्कानमिवन्धकं

[2] महा. 1 जले लेखा व

[3] महा. 2, छ.सं. तंपि

[4] महा. 2, छ.सं. नस्सति

जललेखेव नीचानां, यत्कृतं तद्विनश्यति।।
और व्यास (सि) 17 (चिह्नित- बेज्हर्ट 1964), सूक्ति.र.हा. 236.2; चा.सा.संग्रह 3.21, सी.नी. 56. देखें इस्. 7524, चा.रा.संसो. 385.

87. **दब्बमप्पं पि साधूनं, जलं कूपे व निस्सयो।**
बहुत्तं[1] पि असाधूनं, न च वारि व अण्णवे॥

अनुवाद
सज्जनों का धन थोड़ा होने पर भी कुएँ के (मीठा) पानी की तरह सेवन करने योग्य होता है। असज्जनों का धन अत्यधिक होने पर भी समुद्र के (खारा) पानी की तरह प्रयोग के योग्य नहीं होता।

88. **दुट्ठचित्तो पनाहिस्स, कोधो पासाणलिखितो[2]।**
कुज्झितब्बे सुजनस्स, जले[3] लेखाचिरट्ठितो॥

अनुवाद
दुष्ट मनवाले पुरुष का क्रोध पत्थर पर खींची रेखा के समान है (जो हमेशा बनी रहती है) और सज्जन का क्रोध पानी पर खींची रेखा की तरह है जो तुरंत मिट जाता है।

89. **बालस्स जीवितं पापं, इतरस्सितरं[4] भवे।**
जनकायस्स राजा व, राजधम्मो व राजुनं[1]॥

---

[1] महा. 1 बहुकं
[2] छ.सं. पासाणलिक्खितो
[3] महा. 1 जल°
[4] छ.सं. मितरस्सि तरं

अनुवाद
मूर्ख का जीवन पाप है, उससे भिन्न व्यक्ति का जीवन अन्य प्रकृति का होता है। जनसमूह का जीवन राजा है और राजा का जीवन राजधर्म है।

90. **सपादानं[2] बली सीहो, पुळुवको[3] ततो किपिल्लिका[4]।**
नरो[5] ततो बली राजा, सब्बेसं[6] अन्तको[7] बली॥[8]

अनुवाद
पैर वाले जन्तुओं में सिंह बलवान् है, उसके बाद कीड़ों में चींटी, उसके बाद मनुष्यों में राजा बलवान् है तथा सभी में मृत्यु बलवान् है।

91. **भूपण्णवग्गि[9] थी सिप्पी[10], अभिज्झालु च पुग्गलो।**
एतेसं पि महिच्छानं, महिच्छिट्ठा[11] अनिच्चता॥

अनुवाद

---

[1] महा. 1 राजूनं (छं.बा .)
[2] छ.सं. सप्पादानं
[3] महा. 2, छ.सं. पुळावको
[4] महा. 2 किप्पीलिको, छ.सं. किप्पीलिका
[5] महा. 2, छ.सं. नरा
[6] छ.सं. सब्बेस
[7] छ.सं. मन्तको
[8] महा. 1.- पाद 1 ततो पुळुवको ततो, पाद 3 किप्पिल्लिको नरो राजा, पाद 4 ततो सब्बेसं अन्धको
[9] महा. 2, छ.सं. भूपोण्णवग्गि
[10] महा. 1 सिप्पं, छ.सं. सिप्पि
[11] महा. 2, छ.सं. महिच्छिता

राजा, समुद्र, आग, स्त्री, शिल्पी और लोभी व्यक्ति– ऐसे बड़ी इच्छा वालों की बड़ी इच्छा भी अनित्य है।

92. **निद्दालुको असन्तुट्ठो, अकतञ्ञू च भीरुको।**
सक्कुणन्ति न साचारं, सिक्खितुं ते कदाचि पि॥

अनुवाद

जो निद्रालु हैं, असंतुष्ट हैं, अकृतज्ञ हैं और डरपोक हैं, वे सदाचरण (अच्छा आचरण) कभी सीख ही नहीं सकते।

93. **निद्दालुकाममोदो[1] च, सुखितो भोगवालसो।**
निच्छन्दो[2] कम्मरामो च, सत्तेते सत्थवज्जिता॥

अनुवाद

ज्यादा सोने वाला, काम तृष्णा में आनंद लेने वाला, सुख चाहने वाला, भोगी, आलसी, वीत तृष्णा और कार्यकलाप में मग्न रहने वाला– ये सात लोग शास्त्र द्वारा वर्जित हैं।

स्रोत– व्यास 75:

अलसो मन्दबुद्धिश्च, सुखितो व्याधिपीडितः।
निद्रालुः कामुकश्चैव, षडेते शास्त्रवर्जिताः।।

और व्यास (सि)71, सु.अर्णव 112. देखें इस्. 642, चा.रा.संसो. 1192, महा.सु.सं. 3165 (चिह्नित– बेज्हर्ट और ब्राउन 1981: 63-64).

[1] महा. 2, छ.सं. निद्दालुकामरामो
[2] छ.सं. निच्छन्तो

94. **समिद्धो धनधञ्ञेन, न कट्ठोदतिणग्गिहि[1]।**
सब्बतो दुग्गतो[2] नट्ठो, तस्मा न दुक्कटं[3] करे॥

अनुवाद

(जो बुरे कामों को करता है वह) धन-धान्य, काष्ठ, जल, तृण तथा आग से समृद्ध नहीं होता तथा हर प्रकार से दुर्गति में पड़कर नष्ट होता है; इसलिये दृष्कृत न करे।

95. **पुञ्ञपापफलं यो चे, न सद्धहति सच्चतो।**
सो वे अत्तानं खिप्पं व, [4] आदासतलमानये॥

अनुवाद

जो पुण्य और पाप के फल पर वास्तव में विश्वास नहीं करता है उसे शीघ्र ही अपने को आईना के समीप लाना चाहिए (और अपने आप को उसमें देखना चाहिए)।

96. **सम्परायिकमत्थं यो, न सद्दहति[5] चे पि सो।**
आवासे सग्गगामीनं, माक्कभे किं न पस्सति॥

अनुवाद

(और) जो परलोक से संबंधित बात को नहीं मानता है वह भी स्वर्ग जाने वालों के मरकत (=पन्ना) की आभा वाले (चमकदार) आवासों

---

[1] महा. 2, छ.सं. कट्ठो दकतिणग्गिहि

[2] छ.सं. दुग्गते

[3] महा. 2, छ.सं. दुक्कतं

[4] महा. 2, छ.सं. सो वे खिप्पं व अत्तानं

[5] छ.सं. सद्धहति

को क्यों नहीं देखता?

नोट- माक्कभे शब्द पालि-तिपिटक एवं अट्ठकथाओं में कहीं भी प्रयुक्त नहीं है। संभवतः संस्कृत *मरकताभ* का भ्रष्ट पालि रूप है।

97. **महन्तं वट्टरुक्खादिं, खुद्दबीजं बहुप्फलं[1]।**
सक्खिं[2] कत्वा उदिक्खेय्य, पुञ्ञपापकरो नरो॥

अनुवाद

पुण्य-पाप करनेवाला मनुष्य विशाल वटवृक्ष को जन्म देने वाले छोटे से बीज वाले तथा उसमें लगे बहुत सारे फलों को अपनी आँख से साक्षात्कार कर सोचे।

नोट- थोड़े पुण्य कर्म से भी महान् यश लाभ हो सकता है तथा थोड़े पापकर्म का भी बड़ा दुष्फल हो सकता है- इस बात को बताने के लिए यहाँ छोटे बीज से उत्पन्न विशाल आकार वाले बट-वृक्ष का दृष्टांत दिया गया है।

98. **यस्स सल्लहुकं होति, गरुसक्कारमाननं[3]।**
तस्स सल्लहुका ये व, विज्जासम्पत्तिसम्पदा॥

अनुवाद

जिसको गुरु का सत्कार और सम्मान करना अत्यन्त आसान (हल्का) प्रतीत होता है, भार की तरह नहीं लगता, उसको उतनी ही आसानी से

---

[1] महा. 2, छ.सं. बहूफलं

[2] महा. 2, छ.सं. सक्खिक°

[3] महा. 2, छ.सं. गुरुसक्कारमाननं

विद्या सम्पत्ति और सम्पदा प्राप्त होती है।

99. **उपज्झाचरियानञ्च, मातापितूनमेव च।**
सक्कच्चं यो नुपट्ठाति, सुतो पि तस्स[1] तादिसो॥

अनुवाद

जो उपाध्यायों, आचार्यों तथा माता-पिता की आदर पूर्वक सेवा नहीं करता है, उसका पुत्र भी अपने पिता की तरह होगा।

100. **देसे देसे कलत्तानि[2], देसे देसे च बन्धवा[3]।**
तादिसं सहजा यत्थ, देसं पस्सामि नेव तु॥

अनुवाद

जहाँ हर जगह पत्नी हो और जगह-जगह पर भाई-बन्धु सहज रूप में मिलते हों, मैं ऐसे देश को नहीं देखता हूँ।

101. **पुत्तं वा भातरं[4] दुट्ठं, अनुसासेय्य नो जहे।**
किं नु छेज्जं करं पादं, लित्तं असुचिना सिया॥

अनुवाद

दुष्ट पुत्र या भाई को अनुशासित करे, छोड़े नहीं। क्या गंदगी से लिप्त हाथ-पैर को कोई काट फेंकता है?

102. **बहुपुत्ते पिता एको, अवस्सं पोसेति[1] सदा।**

---

[1] महा. 2, छ.सं. तस्स पि

[2] महा. 1 कळत्तानि, महा. 2, छ.सं. कुलानी च

[3] महा. 2, छ.सं. बन्धवो

[4] महा. 2, छ.सं. भातरं

बहुपुत्ता न सक्कोन्ति, पोसेतुं पितरेककं॥

अनुवाद

बहुत से पुत्रों को एक पिता अवश्य सदा पालन-पोषण करता है; लेकिन एक ही पिता का भरण-पोषण बहुत से पुत्र नहीं कर सकते।

103. **अतिजातमनुजातं, पुत्तमिच्छन्ति पण्डिता।**
अवजातं न इच्छन्ति, यो होति कुलगन्धनो॥

अनुवाद

बुद्धिमान् वैसे पुत्र की इच्छा करते हैं, जो अभिजात हो, जो पिता की तरह ही रूप और गुण में हो। वैसे अवजात (नीच) की इच्छा नहीं करते, जो कुल को दुर्गन्धि से भरने वाला हो।

स्रोत- इतिवुत्तक 48 (चिह्नित- बेज्हर्ट और ब्राउन 1981: 38), सद्दनीति- धातुमाला II.585.

104. **पञ्च ठानानि सम्पस्सं, पुत्तमिच्छन्ति पण्डिता।**
भटो[2] वा नो भरिस्सति, किच्चं वा नो करिस्सति॥

105. **कुलवंसो चिरं तिट्ठे, दायज्जं पटिपज्जति[3]।**
अथ वा पन पेतानं, दक्खिणंऽनुपदस्सति॥

अनुवाद

पाँच बातों को ध्यान में रखते हुए बुद्धिमान् लोग पुत्र की इच्छा रखते

[1] महा. 1 पोसते

[2] महा. 2, छ.सं. जातो, शास्त्री 2.396 भतो

[3] छ.सं. पटिपच्चति

हैं-(1) समर्थ होने पर यह हमारा भरण-पोषण करेगा, (2) जो हमारा कृत्य (कर्तव्य) है वह करेगा, (3) कुल वंश लंबे समय तक कायम रहेगा, (4) उत्तराधिकार (दायाद) लेने वाला होगा, (5) प्रेतों (पितरों) को दक्षिणा (पिण्ड) देने वाला होगा।
स्रोत- अ.नि.-पञ्चकनिपात-सुमनवग्ग-पुत्तसुत्त 2.39, कथावत्थु 290 (चिह्नित- बेज्हर्ट और ब्राउन 1981: 50).

106. अन्तोजातो धनक्कीतो, दासब्योपगतो सयं।
दासो[1] करमरानीतो, च्चेवं ते[2] चतुधा सियुं॥

अनुवाद
(1) घर में उत्पन्न (अर्थात् दास का पुत्र), (2) धन द्वारा खरीदा गया, (3) जिसने स्वयं दासता स्वीकार की और (4) जो युद्ध से बंदी बनाकर लाया गया है- ये चार प्रकार के दास (बनाये जाते) हैं।
स्रोत- अभि.प. 515
तुलना- पाद ग, घ, "*दासो नाम अन्तोजातो धनक्कीतो करमरानीतो*" पाचित्तिय 301.

107. दासा पञ्चेव चोरय्य-सखञात्यत्तसादिसा[3]।
तथा विञ्ञूहि विञ्ञेय्या, मित्ता दारा च बन्धवा॥

अनुवाद

---

[1] महा. 2, छ.सं. दासा
[2] छ.सं. च्चेवन्ते
[3] महा. 2, छ.सं. सखञात्यत्तसदिसा (छं.बा .)

दास (कार्य के अनुसार) पाँच प्रकार के होते हैं– (1) चोर के समान, (2) मालिक के समान, (3) मित्र के समान, (4) रिश्तेदार के समान, और (5) स्वयं के समान। उसी प्रकार मित्र, पत्नी और संबंधी के बारे में ज्ञानी को जानना चाहिए।

नोट– गाथा सं. 106 और 107 को *धम्मनीति* में 'दास' शीर्षक के अन्तर्गत रखा गया है।

108. **तयो व पण्डिता सत्थे, अहमेवाति वादि[1] च,**
अहमपि ति वादी च, नाहन्ति च इमे तयो॥

अनुवाद

शास्त्र में तीन ही ज्ञानी हैं– (1) जो यह कहे कि सिर्फ मैं हूँ, (2) जो कहे कि मैं भी हूँ और (3) जो यह कहे कि मैं नही हूँ।

109. **विना सत्थं न गच्छेय्य, सूरो सङ्गामभूमियं[2]।**
पण्डितद्धगू वाणिज्जो[3], विदेसगमनो तथा॥

अनुवाद

बिना शस्त्र के वीर को युद्धभूमि में नहीं जाना चाहिए, उसी प्रकार विदेश जाने वाले ज्ञानी को बिना शास्त्र के तथा व्यापारी को बिना कारवाँ (सार्थवाह) के नहीं जाना चाहिए।

टिप्पणी– 'सत्थं' शब्द पर श्लेष है। शब्द का प्रयोग 'शस्त्र', 'शास्त्र',

---

[1] महा. 2, छ.सं. वादी (छं.बा .)

[2] छ.सं. सङ्गामभूमियं

[3] महा. 2, छ.सं. वाणिज्जो

और 'सार्थ' के अर्थों में किया गया हैं।

110. **सम्मा उपपरिक्खित्वा, अक्खरेसु पदेसु च।**
चोरघातो सिया सिस्सो, गरु[1] चोरट्ठकारको॥

अनुवाद

चोर मारने वाले की तरह शिष्य को तथा चोर परखने वाले की तरह गुरु को अक्षरों और पदों की सम्यक परीक्षा करके देखना चाहिए (कि क्या सही और क्या गलत है)।

स्रोत- देखें पाद 2- सद्दनीति I.1.9

111. **साधुत्तं सुजनसमागमा खलानं,**
साधूनं न खलसमागमा खलत्तं।
आमोदं कुसुमभवं दधाति भूमि,
भूगन्धं न च कुसुमानि धारयन्ति॥

अनुवाद

सज्जनों की संगति से दुष्ट जनों में सज्जनता आ जाती है, (परन्तु) दुष्टों की संगति से सज्जनों में दुष्टता नहीं आती। पृथ्वी फूलों से उत्पन्न गन्ध को धारण करती है पर फूल पृथ्वी के गंध को धारण नही करते।

112. **सट्ठेन मित्तं कलुसेन धम्मं,**
परोपतापेन समिद्धिभावं[2]।

---

[1] महा. 2, छ.सं. गुरु

[2] महा. 1 समिद्धभावं

सुखेन विज्जं फरुसेन नारिं,
इच्छन्ति ये नून अपण्डिता ते[1]॥

अनुवाद

जो चालाकी से मित्र को और मलिनता से धर्म को, दूसरों को कष्ट देकर समृद्धि को, सुख से विद्या को तथा कठोरता से नारी को पाने की इच्छा करे; वे निश्चय ही अज्ञानी है।

स्रोत– पंच.हर्टेल 1.153:

शाठ्येन मित्रं कलुषेन धर्मम्,
परोपतापेन समृद्धिभावम्।
सुखेन विद्यां परुषेण नारीं,
वाञ्छन्ति ये नूनमपण्डितास्ते ।।

(उपजाति छंद) और चा.रा.नी.शा. 7.18, पंच.पुर्न. 1.373, पंच.एङ्गर्टेन 1.144, शार्ङ्ग.ध.प. 1538, सु.वल्लभ. 2918, सूक्ति.र.हा. 30.26. देखें सु.र.भ. 172.819, चा.रा.संसो. 987 (चिह्नित– बेज्हर्ट और ब्राउन 1981: 39).

---

[1] महा. 1 इच्छन्ति ये ते न च पण्डिता, महा. 2, छ.सं. इच्छन्ति ये ते न व पण्डिता व

3. मित्तकथा
मित्र–कथा

113. **कत्वान कुसलं कम्मं, कत्वानाकुसलं[1] पुरे।**
सुखितं दुक्खितं[2] होन्तं[3], सो बालो यो न पस्सति॥

अनुवाद

पहले कुशल कर्म करके फिर अकुशल कर्म करके क्रमशः सुखी और दुःखी हो रहे को जो नहीं देखता है वह मूर्ख है।

स्रोत- देखें पाद 1 के लिए अपदान- विभीतकवग्ग- 8. पादपीठिय-त्थेरअपदानं- गा.सं. 52.

114. **सयंकतेन पापेन, अनिट्ठं लभते फलं।**
ते मे सो मे जनेन्तीति, पुनागुं कुरुते जळो॥

अनुवाद

अपने किये पापकर्म से अनिष्ट फल मिलता है, मेरे वे पाप कर्म मुझे जन्म देते हैं, मुझे पैदा करते हैं (यह जानकर भी) मूर्ख फिर से पापकर्म करता है।

---

[1] महा. 2, छ.सं. कत्वा चाकुसलं

[2] महा. 2, छ.सं. सुखितदुक्खिता

[3] महा. 2, छ.सं. होन्ति

115. **कालक्खेपेन[1] हापेति, दानसीलादिकं जळो।**
अथिरं पि[2] थिरं मञ्ञे, अत्तानं सस्सती समं॥

अनुवाद

मूर्ख दान देने तथा शील पालन करने आदि का लाभ समय नष्ट कर खो देता है। (क्योंकि) वह अस्थिर को स्थिर मानता है और स्वयं को शाश्वत के समान।

116. **बालोऽध[3] पापकं कत्वा, न तं छड्डेतुं उस्सहे[4]।**
किं ब्यग्घतादि[5] गच्छन्तो, पदं मक्खेतुमुस्सहे॥

अनुवाद

मूर्ख यहाँ पाप करके भी उसे त्यागने में उत्साहित नहीं होता। क्या बाघ आदि जाते हुए पद चिह्न को मिटाने में उत्साहित होता है?

117. **परनस्सनतो नट्ठो, पुरे व परनासको।**
सीघं वा नस्सनं[6] याति, तिणं पासादज्झापकं॥

अनुवाद

दूसरे का नाश करने वाला उसके नाश होने से पहले ही नष्ट हो जाता है। जो तृण महल को जलानेवाला होता है वह शीघ्र ही नष्ट होता है।

---

[1] छ.सं. कालखेपेन
[2] छ.सं. अथिरम्पि
[3] महा. 2, छ.सं. बालोव
[4] महा. 2, छ.सं. छड्डेतुमुस्सहे
[5] महा. 1 ब्यग्घिदि
[6] महा. 1, महा. 2, छ.सं. दस्सनं

118. **भोजनं[1] मेथुनं[2] निद्दा, गवे पोसे च विज्जति।**
विज्जा विसेसो पोसस्स, तं[3] हीनो गोसमो भवे॥

अनुवाद

भोजन, मैथुन और निद्रा जानवर और मनुष्य दोनों में (समान रूप से) पाये जाते हैं। (परन्तु) विद्या मनुष्य की विशेषता है, उससे जो हीन है वह जानवर की तरह है।

स्रोत- चा.नी.दर्पण 17.17:

आहारनिद्राभयमैथुनानि, समानि चैतानि नृणां पशूनाम्।
ज्ञानं नराणामधिको विशेषो, ज्ञानेन हीनाः पशुभिः समानाः।।

(उपजाति छंद) तुलना चा.रा.नी.शा. 8.31, हितो.ज.परि. 25 (चिह्नित- ग्रे 1886: 42), हितो.का. 25, सु.अर्णव 139. देखें इस्. 1077, चा.रा.संसो. 156, महा.सु.सं. 5700.

119. **मूळ्हसिस्सोपदेसेन[4], कुनारी भरणेन च।**
खलसत्तूहि[5] संयोगा, पण्डितो प्यवसीदति॥

अनुवाद

मूर्ख शिष्य को उपदेश देने से, चरित्रहीन स्त्री का भरण पोषण करने से, दुष्ट शत्रुओं के साथ मेल करने से- ज्ञानी भी कष्ट को प्राप्त होता है।

स्रोत- चा.नी.दर्पण. 1.4:

---

[1] महा. 2, छ.सं. भोजना
[2] महा. 2, छ.सं. मेथुना
[3] महा. 2, छ.सं. ततो (छं.भ).
[4] छ.सं. मुळ्हसिस्सोपदेसेन
[5] महा. 1, छ.सं. खलसत्थूहि

मूर्खशिष्योपदेशेन, दुष्टस्त्रीभरणेन च।
द्विषता सम्प्रयोगेन, पण्डितोऽप्यवसीदति।।

(चिह्नित- पवोलिनि 1907: 611) और वृ.चा. 1.4, चा.सा.संग्रह. 1.5, सूक्ति.र.हा. 191.46, गरुड. 1.108.4, सी.नी. 4, नी.शा.वि. 29. देखें सु.र.भ. 155.91, सु.रत्नाकर 224.34, चा.रा.संसो. 779. चा.सप्त. 4 (पण्डितोऽपि विनश्यति।).

120. द्वे विमे[1] कण्डका[2] तिक्खा, सरीरपरिसोसिता[3]।
निद्धनो[4] यो च कामेति, यो च कुप्पत्यनिस्सरो[5]॥

अनुवाद

ये दो चीजें काँटे के समान तीक्ष्ण हैं, शरीर को सूखा देने वाली हैं- जो निर्धन होकर (बहुमूल्य वस्तु की) इच्छा रखता है और जो असमर्थ होकर क्रोध करता है।

स्रोत- महाभा. 5.33.52:

द्वाविमौ कण्टकौ तीक्ष्णौ, शरीरपरिशोषिणौ।
यश्चाधनः कामायते, यश्च कुप्यत्यनीश्वरः।।

देखें इस्. 3008 (चिह्नित- पवोलिनि 1907: 611).

121. निद्धनो[1] चापि कामेति, दुब्बलो कलहं पियो[2]।

---

[1] महा. 2, छ.सं. चिमे
[2] महा. 2, छ.सं. कण्टका
[3] महा. 2, छ.सं. सरीरसोभिता कामे
[4] छ.सं. निधनो
[5] महा. 2, छ.सं. कुप्पत्यनिस्सारो

मन्दसत्थो विवादत्थी[3], तिविधं मूळहलक्खणं[4]॥

अनुवाद

निर्धन की (सुख-भोग) कामना, दुर्बल की कलह-प्रियता, शास्त्र में मन्दबुद्धि व्यक्ति की विवाद प्रियता- ये तीनो मूर्ख के लक्षण हैं।

स्रोत- व्यास 46:

निर्धनश्चापि कामार्थी, दुर्बलः कलहप्रियः।
मन्दशास्त्रो विवादार्थी, त्रिविधं मूर्खलक्षणम्।।

और व्यास(सि)42 (चिह्नित- बेज्हर्ट 1964), सूक्ति.र.हा. 28.1; तुलना चा.सा.संग्रह 3.27d.

122. **अप्पस्सुतो[5] सुतं[6] अप्पं[7], बहुं मञ्ञति मानवो।**
सिन्धुदकं अपस्सन्तो[8], कूपे तोयं व मण्डुको॥

अनुवाद

कम ज्ञान वाला मनुष्य थोड़े ज्ञान को भी बहुत समझता है। समुद्र के पानी को नहीं देखने वाला मण्डूक कुएँ के पानी को ही बहुत समझता है।

---

[1] छ.सं. निधनो
[2] महा. 2, करो
[3] छ.सं. विवादत्थि
[4] छ.सं. मुळहलक्खणं
[5] महा. 2, छ.सं. अप्पसुतो
[6] महा. 2, छ.सं. सुते
[7] महा. 2, छ.सं. अप्पे
[8] महा. 2, छ.सं. पस्सन्तो

123. तं नदीभि[1] विजानाथ[2], सोब्भेसु पदरेसु च।
सणन्ता[3] यन्ति कुसुब्भा[4], तुण्ही यन्ति महोदधि॥

अनुवाद

नालों और दरारों के बीच (बहने वाली) धाराओं को देख कर जाने। छोटी नदी शोर करते बहती है, किन्तु सागर चुपचाप रहता है।

स्रोत- सुत्तनिपात-3 महावग्ग- 11 नालकसुत्त-गा.सं. 42 (चिह्नित-बेज्हर्ट और ब्राउन 1981: 39).

124. यदूणकं[5] तं सणति[6], यं पूरं सन्तमेव तं।
अड्ढकुम्भूपमो[7] बालो, रहदो[8] पूरो व पण्डितो॥

अनुवाद

जो भरा नहीं होता वह शोर करता है, जो भरा होता है वह शान्त होता है। मूर्ख आधे भरे घड़े की तरह है, किन्तु ज्ञानी भरे हुए जलाशय की तरह।

स्रोत- सुत्तनिपात-3 महावग्ग- 11 नालकसुत्त- गा.सं. 43 (चिह्नित-बेज्हर्ट और ब्राउन 1981: 45); मिलिन्द. 386.

---

[1] महा. 2 नदीहि, छ.सं. तदमिनापि
[2] छ.सं. जानाति
[3] महा. 1 सकनन्ता; महा. 2, छ.सं. सुनन्ता
[4] छ.सं. कुसुम्भा
[5] महा. 2, छ.सं. यं ऊनकं
[6] महा. 2, छ.सं. सुनति
[7] महा. 1 अद्धकुम्भूपमो
[8] छ.सं. रहतो

125. बुधेहि सासमानो[1] पि, खलो बहुतकेतवो[2]।
घंसियमानो अङ्गारो, निम्मलत्तं[3] न गच्छति॥

अनुवाद

सज्जनों द्वारा बहुत कहे जाने पर भी दुष्ट शठता वाला ही रहता है। कोयला को कोई कितना ही रगड़े वह निर्मल (स्वच्छ) नही होता।

स्रोत– पंच.कीलहौर्न 4.55 (चिह्नित– स्टर्नबाख़ 1971: 291):

सद्भिः सबोध्यमानोऽपि, दुरात्मा पापपूरुषः।
घृष्यमाणैवाङ्गारो, निर्मलत्वं न गच्छति।।

देखें सु.र.भ. 165.541, इस्. 6772.

126. चारुता[4] परदाराय, धनं लोकतापत्तिया[5]।
पसुता[6] साधुनासाय, खले खलतरा गुणा॥

अनुवाद

दुष्ट में ये गुण उसे अधिक दुष्ट बनाने के लिये है– उसकी सुन्दरता (आकर्षक व्यक्तित्व) परायी स्त्री के प्राप्ति के लिये है, उसका धन संसार को तपाने के लिये और उसका पशु समान आचरण साधुता को नाश करने के लिये होता है।

---

[1] महा. 2, छ.सं. भासमानो
[2] महा. 1 बहूतकेतवो
[3] महा. 2, छ.सं. निलमत्तं
[4] महा. 1 चारुका
[5] महा. 2, छ.सं. लोकतप्पतिया
[6] महा. 2, छ.सं. पसुतं

127. इतो हस्सतरं लोके, किञ्चि तस्स न विज्जति।
दुज्जनो ति च यं आह, सज्जनं[1] दुज्जनो सयं॥

अनुवाद

संसार में इससे अधिक हास्यास्पद और कुछ नहीं हो सकता है जहाँ कोई दुष्ट व्यक्ति स्वयं किसी सज्जन को दुर्जन कहे।

स्रोत- महाभा. 1.69.14:

अतो हास्यतरल्लोके, किञ्चिदन्यन्न विद्यते।
यत्र दुर्जनैत्याह, दुर्जनः सज्जनं स्वयम्।।

और सु.वल्लभ. 371. देखें और सु.र.भ. 56.101, इस्. 163 (चिह्नित-पवोलिनि 1907: 611), महा.सु.सं. 646.

128. रोगण्डचङ्कुरो[2] तेजो[3], विसमस्सतरो घणो[4]।
अविनासिय समन्ति, न खलो च सनिस्सयं॥

अनुवाद

रोग, सांप, गर्मी, बिगड़ैल बलवान घोड़ा ये बिना हानि पहुंचाए शान्त हो जाते हैं परन्तु (अपनी) हठ के साथ दुष्ट शान्त नहीं होता।

नोट- 'रोगण्डजङ्करो' पाठ मानकर अनुवाद किया गया है।

129. न विना परवादेन, रमन्ते[5] दुज्जना खलु।

---

[1] महा. 1 सुजनं
[2] महा. 1 रोगण्डजङ्करो
[3] तापो पाठ ज्यादा उचित होता.
[4] महा. 1 घनो
[5] महा. 1 रम्मति

न सा सब्बरसे भुत्वा, विनामेज्झेन[1] तुस्सति॥

अनुवाद

दुर्जन दूसरे की बिना शिकायत सुने आनंदित नही होते। सब प्रकार का भोजन खाकर भी कुत्ते को बिना मल खाये संतोष नही होता।

स्रोत- सु.वल्लभ. 384:

न विना परवादेन, रमते दुर्जनो जनः।
श्वा हि सर्वरसान् भुक्त्वा, विनामेध्यन्न तृप्यति।।

शार्ङ्ग.ध.प. 346, वृद्ध.चा.3.6, सु.अर्णव 27 और 153. देखें सु.र.भ. 54.2, सु.रत्नाकर 22.7, इस्. 3424, चा.रा.संसो. 562 (चिह्नित- बेज्हर्ट और ब्राउन 1981: 45).

130. **तप्पते याति सन्धानं, द्रवीभवत्यवनतं[2]।**
मुदुं दुज्जनचित्तं न[3] किं, लोहेनुपमीयते[4]॥

अनुवाद

दुर्जन व्यक्ति का कोमल चित्त तपाता है, मेल-जोल को प्राप्त होता है, पिघलता है, मुड़ता है। क्या इसकी उपमा लोहे के साथ नहीं दी जा सकती?

नोट- लोहा और दुष्ट के मृदु चित्त में कुछ समानताएँ हैं। दोनों ही तपते हैं, गर्म होते हैं, जोड़ से युक्त होते है, पिघलते हैं, मुड़ जाते हैं। इसलिए दुष्ट की कोमल चित्त की उपमा लोहे के साथ सटीक बैठती है।

---

[1] महा. 1 विनामज्झेन; महा. 2, छ.सं. विना वच्चे न

[2] महा. 1 द्रवीभति भवनतं; महा. 2, छ.सं. दवो भवतिऽवनतं

[3] महा. 2, छ.सं. निरस्त

[4] महा. 2, छ.सं. लोहेन उपमीयते

131. **तस्मा दुज्जनसंसग्गं, आसीविसमिवोरगं।**
आरका परिवज्जेय्य, भूतकामो[1] विचक्खणो॥

अनुवाद

इसलिए तेज जहर वाले सर्प के समान दुष्ट व्यक्ति के संसर्ग को भूतकाम (जो सफल होना चाहता है) और विचक्षण (बुद्धिमान् पुरुष) दूर से ही त्याग दे।

स्रोत- दी.नि.अट्ठ. 1.138; म.नि.अट्ठ 3.88 पाद 1 तस्मा अकल्याणजनं.

132. **दुज्जनेन हि संसग्गो, सत्तुता पि न युज्जते[2]।**
तत्तो तु दहतङ्गारो,[3] सन्ते काळायते करो[4]॥

अनुवाद

दुर्जन के साथ न संसर्ग ठीक है और न शत्रुता। (क्योंकि) गरम अङ्गार (हाथ को) जलाता है और ठण्डा होने पर (हाथ को) काला कर देता है।

स्रोत- व्यास(सि) 21:

दुर्जनैः सह सम्पर्कः, शत्रुतापि न युज्यते।
गृह्णतो दहतेऽङ्गारः, शान्ते कृष्णायते करः।।

और व्यास 22, सूक्ति.र.हा. 43.41; तुलना हितो.ज. 1.82 (चिह्नित- ग्रे 1886: 64), हितो.का. 1.81. देखें सु.र.भ. 55.48,

---

[1] छ.सं. भूतिकामो

[2] युज्जति

[3] महा. 2, छ.सं. तत्तो दहति अङ्गारो

[4] महा. 1 सन्तो कालकतं करो; महा. 2, छ.सं. सन्ता तु कालतं करो

सु.रत्नाकर 26.47, इस्. 2859.

133. **दुज्जनो वज्जनीयो व, विज्जायालङ्कतो पि चे।**
मणिनालङ्कतो सन्तो, सप्पो किं न भयङ्करो॥

अनुवाद

विद्या से अलंकृत होने पर भी दुर्जन वर्जनीय (त्यागने योग्य) है। क्या मणि से अलंकृत होने पर भी साँप भयंकर नही होता?

स्रोत- सूक्ति.र.हा. 41.24:

दुर्जनैः परिहर्तव्यो, विद्ययालङ्कृतोऽपि सन्।
मणिनालङ्कृतः सर्पः, किमसौ न भयङ्करः।।

और व्यास (सि)34; व्यास 38, चा.नी.शास्त्र. 23, चा.रा.नी.शा. 3.29, चा.सा.संग्रह 3.35, हितो.का. 1.90, शार्ङ्ग.ध.प. 354, सु.वल्लभ. 355, सु.अर्णव 89 और 306, गरुड. 1.112.15. देखें सु.र.भ. 54.5, सु.रत्नाकर 22.1, इस्. 2850 (चिह्नित- पवोलिनि 1907: 611), चा.रा.संसो. 466.

134. **अग्गिनो दहतो दायं, सखा भवति मालुतो।**
सो व दीपं नासेति,[1] खले नत्थेव मित्तता॥

अनुवाद

जब दावानल (वन को जलानेवाली अग्नि) होता है तो हवा आग का दोस्त हो जाती है, (लेकिन) वही हवा दीपक को बुझा देती है, (इसलिए) दुष्ट से कभी मित्रता नही करनी चाहिये।

---

[1] महा. 2, छ.सं. सो व दीपं तु नासेति

135. **नास्मसे कतपापम्हि, नास्मसे अलिकवादिने[1]।**
नास्मसे अत्तत्थपञ्ञम्हि, अतिसन्तेपि नास्मसे॥

अनुवाद

जो पापकर्म करनेवाला है उस पर भरोसा न करे, झूठ बोलने वाले पर भरोसा न करे, स्वार्थ बुद्धि वाले तथा अत्यधिक शांत रहने वाले व्यक्ति पर भी विश्वास न करे।

स्रोत- जातक 448 कुक्कुटजातक (चिह्नित- बेज्हर्ट और ब्राउन 1981: 42). देखें कौसल्यायन iv.257, पाद 3 नास्मसत्तट्ठपञ्ञम्हि.

जातक अट्ठ. के अनुसार शास्ता ने यह गाथा वेळुवन में विहार करते समय देवदत्त द्वारा उनका वध किये जाने के सम्बन्ध में कही।

136. **मारेतुं कित्तका सक्का, दुज्जना गगणूपमा।**
मारिता[2] कोधचित्ते[3] तु, मारिता[4] होन्ति दुज्जना॥

अनुवाद

कितने को कोई मार सकता है? दुर्जन की संख्या आकाश की तरह विशाल है। चित्त में उत्पन्न क्रोध को मार देने पर दुर्जन अपने-आप मारे जाते हैं।

137. **भूमि कण्टकसंकिण्णा, छादितुं नेव सक्यते।**
पादुपाहनमत्तेन[1], छन्ना भवति मेदनी॥

---

[1] महा. 2, छ.सं. अलिकवादिनि

[2] महा. 1 मारिते

[3] महा. 1 कोधचित्तम्हि

[4] छ.सं. मारितो

अनुवाद
पृथ्वी कंटकाकीर्ण है, इसको ढांका नही जा सकता, (लेकिन) जूता पहनने मात्र से पृथ्वी ढंक जाती है।

138. **सत्ता सदूपसेवन्ति[2], सोदकं वापि आदिकं।**
सभोगं सधनञ्चेवं, तुच्छा चे ते जहन्ति ते॥

अनुवाद
प्राणी उस तालाब आदि का सदा सेवन करते हैं जिसमें जल हो। जिसके पास भोग हो, धन हो (उसका भी सेवन करते हैं), यदि वे इनसे रिक्त हैं तो वो छोड़ देते हैं।

139. **धनहीनं चजे मित्तो, पुत्तदारा सहोदरा।**
अत्थवन्तं व सेवन्ति, अत्थो लोके महासखा॥

अनुवाद
धनहीन को मित्र, पुत्र, पत्नी तथा भाई सभी छोड़ देते है। वे धनवान् की सेवा करते हैं, अर्थ (धन) ही इस संसार में सबसे बड़ा मित्र है।
स्रोत– पंच.पुर्न. 2.106:

त्यजन्ति मित्राणि धनेन हीनम्,
पुत्राश्च दाराश्च सहोदराश्च।
तमर्थवन्तं पुनरेव यान्ति,
ह्यर्थोऽत्र लोके पुरुषस्य बन्धुः।।

---

[1] महा. 2, छ.सं. उपाहनमत्तकेन
[2] महा. 2, छ.सं. सदापसेवन्ति

(उपजाति छंद) और पंच.एङ्गर्टेन 2.33; तुलना चा.नी.दर्पण 15.5, वृद्ध.चा. 6.9, चा.रा.नी.शा. 4.14, गरुड. 1.111.18. देखें सु.र.भ. 64.10, सु.रत्नाकर 44.15, इस्. 2622, चा.रा.संसो. 429 (चिह्नित- बेज्हर्ट और ब्राउन 1981: 40).

140. **नव रूपी न ञाणी च,[1] न कुलीनं[2] पधानता।**
काले विपत्तिसम्पत्ते, धनिमा व विसेसता॥

अनुवाद

न तो रूपवान की, न तो ज्ञानवान की, न तो कुलवान की प्रधानता है। विपत्तिकाल आने पर धनवान की ही प्रधानता होती है।

141. **कल्याणमित्तं कन्तारं, युद्धं सभायं भासितुं।**
असत्था गन्तुमिच्छन्ति, मूळ्हा[3] ते चतुरो जना॥

अनुवाद

वे चारों मूर्ख हैं जो कल्याण मित्र के पास और सभा में बोलने के लिये बिना शास्त्र के, मरुभूमि में बिना सार्थ (कारवाँ) के और युद्ध में बिना शस्त्र के जाना चाहते हैं।

नोट- यहाँ 'सत्थ' शब्द का 'शस्त्र', 'शास्त्र' और 'सार्थ' ये तीन अर्थ होने के कारण श्लेषालंकार है।

---

[1] महा. 2, छ.सं. न रूपिनी न पञ्ञाणो

[2] महा. 2, छ.सं. कुलीनो

[3] छ.सं. मुळ्हा

142. **अहिता पटिसेधो च, हितेसु च पयोजनं।**
ब्यसनेस्वपरिच्चागो, सङ्खेपं[1] मित्तलक्खणं॥

अनुवाद

अहितकारक काम करने से मना करना, हितवाले काम में लगाना और विपत्ति के समय साथ न छोड़ना- संक्षेप में ये ही मित्र के लक्षण हैं।

स्रोत- बुद्ध.च. 4.64:

आहितात्प्रतिषेधश्च, हिते चानुप्रवर्तनम्।
व्यसने चापरित्यागस्, त्रिविधं मित्रलक्षणम्।।

और नी.शा.वि. 20. देखें महा.सु.सं. 4100, 4103 (चिह्नित बेज्हर्ट और ब्राउन 1981: 42).

143. **आतुरे ब्यसने पत्ते, दुब्भिक्खे सत्तुविग्गहे।**
राजद्वारे सुसाने च, यो तिट्ठति स बन्धवो॥

अनुवाद

(रोग की) पीड़ा में, संकट की घड़ी आ जाने पर, दुर्भिक्ष में, शत्रु के हमले में, राजा के दरबार में और श्मशान (अंतिम समय) में जो साथ खड़ा रहता है (अर्थात् साथ निभाता है) वही सच्चा भाई-बन्धु है।

स्रोत- वृद्ध.चा. 1.13: (चिह्नित- पवोलिनि 1907: 611)

आतुरे व्यसने प्राप्ते, दुर्भिक्षे शत्रुविग्रहे।
राजद्वारे स्मशाने च, यस्तिष्ठति स बान्धवः।।

और चा.सा.संग्रह 1.84; चा.नी.दर्पण 1.12; तुलना चा.नी.शास्त्र. 15, चा.रा.नी.शा. 2.27, हितो.का. 1.74 और 4.67, हितो.पे.

[1] महा. 2, छ.सं. सङ्खेपा

4.66, पंच.कीलहौर्न 5.41, सूक्ति.र.हा. 109.12, सी.नी. 61. देखें सु.र.भ. 88.5, इस्. 1221, चा.रा.संसो. 174, महा.सु.सं. 6656.

144. सो बन्धु यो हिते युत्तो, सो पिता यो तु पोसको।
सो ञाति यत्र विसासो, सा भरिया यत्र निब्बूति॥

अनुवाद

वही बंधु है जो हित करने में जुटा हुआ है, वही पिता है जो पोषण करे, वही संबंधी है जिसमें विश्वास हो, वही पत्नी है जो शांति और सुख दे।

स्रोत- चा.सप्त. 6: (चिह्नित- स्टर्नबाख़ 1963b)

स बन्धुर्यो हिते युक्तः, स पिता यस्तु पोषकः।
तन्मित्रं यत्र विश्वासः, सा भार्या यत्र निर्वृतिः॥

चा.रा.नी.शा. 1.21, चा.नी.दर्पण. 2.4 (पाद- 1 ते पुत्रा ये पितुर्भक्ताः), वृ.चा. 2.4, चा.सा.संग्रह. 2.91; तुलना गरुड. 1.108.15, सु.अर्णव 118, महाभा. 12.137.92, सी.नी. 5, नी.शा.वि. 16, चा.रा.संसो. 1043.

नोट-

पत्नी- बुद्ध ने पत्नी का वर्गीकरण उनके आचरण के आधार पर सात प्रकार का किया है। *"सत्त खो इमा... पुरिसस्स भरियायो। कतमा सत्त? वधकसमा, चोरीसमा, अय्यसमा, मातासमा, भगिनीसमा, सखीसमा, दासीसमा"* (अ.नि. II.229) "सात प्रकार की पत्नियां होती हैं- 1. हत्यारिन के समान, 2. चोर के समान, 3. स्वामिनी के समान, 4. माता के समान, 5. बहन के समान, 6. मित्र के समान, और 7. दासी के समान"।

145. **हितेसिनो सुमित्तो[1] च, विञ्ञू च दुल्लभा जना[2]।**
यथोसधञ्च[3] सादुं च, रोगहारी च सज्जनो[4]॥

अनुवाद

हितैषी, सच्चा मित्र और विद्वान् ये दुर्लभ जन हैं। सज्जन उस औषधि की तरह है जो स्वादिष्ट भी है और रोग हरने वाला भी है।

146. **अगरुको अनलसो[5], असट्ठो[6] सच्चवा सुचि।**
अलुद्धो अत्थकामो च, ईदिसो[7] सुहदुत्तमो॥

अनुवाद

जो धमण्डी न हो, आलसी न हो, धोखाधड़ी न करने वाला हो, सत्यवादी हो, पवित्र हो, लोभ से रहित (निर्लोभी) हो, कल्याण एवं योगक्षेम की कामना करने वाला हो- ऐसा व्यक्ति उत्तम (मित्र) है।

नोट-

असठ- निष्ठावान, सज्जन, ईमानदार, धोखाधड़ी न करने वाला।

अलुद्ध- [अलुब्ध], लोभ से रहित, निर्लोभी।

अत्थकाम- [अर्थकाम], हित, कल्याण एवं योगक्षेम की कामना करने वाला, शुभचिन्तक, हितेषी।

---

[1] महा. 1 सुमित्ता

[2] महा. 1 यथा

[3] महा. 1 यतोसधञ्च, छ.सं. यथोसधं च

[4] महा. 2, छ.सं. सुजनो (छं.भ.)

[5] छ.सं. अनालस्सो

[6] छ.सं °ट्ठो च

[7] महा. 2, छ.सं. एदिसो

147. यो धुवानि परिच्चज्ज, अधुवान्युपसेवति[1]।
धुवानि[2] तस्स नस्सन्ति, अधुवेसु कथा व का॥

अनुवाद

जो ध्रुव (निश्चित) को छोड़कर अध्रुव (अनिश्चित) को पाना चाहता है, उसका ध्रुव तो नाश होता ही है, अध्रुव का तो कहना ही क्या?

स्रोत- वृद्ध.चा. 1.14:

यो ध्रुवाणि परित्यज्य, अध्रुवाणि निषेवते।
ध्रुवाणि तस्य नश्यन्ति, अध्रुवं नष्टमेव च।।

चा.नी.दर्पण 1.13, चा.नी.शास्त्र. 61, चा.रा.नी.शा. 3.1, हितो.का. 1.212, हितो.पे. 1.171, पंच.पुर्न. 2.143, पंच.कीलहौर्न 2.137, सूक्ति.र.हा. 194.80, गरुड. 1.110.1. देखें सु.र.भ. 162.394, इस्. 5600 (चिह्नित- पवोलिनि 1907: 611), चा.रा.संसो. 860.

148. लुद्धमत्थेन गण्हेय्य, थद्धमञ्जलिकम्मुना।
छन्दानुवत्तिया मूळ्हं[3], यथाभूतेन पण्डितं॥

अनुवाद

लोभी को धन से, अभिमानी को हाथ जोड़ कर, मूर्ख को उसका मनोरथ पूरा करके और पंडित को वस्तुस्थिति बतलाकर वश में करना चाहिए।

स्रोत- वृद्ध.चा. 6.1:

---

[1] महा. 1 अधुवानोपसेवति, छ.सं. अधूवान्युपसेवति

[2] महा. 2, छ.सं. धुवा पि

[3] छ.सं. मुळ्हं

लुब्धमर्थेन गृह्णीयाद्, स्तब्धमञ्जलिकर्मणा।
मूर्खं छन्दोऽनुवृत्तेन, यथा तथ्येन पण्डितम्।।

चा.नी.दर्पण 6.11, चा.नी.शास्त्र. 31, चा.रा.नी.शा. 2.16, हितो.का. 4.109, हितो.पे. 4.107, नी.शा.वि. 32; गरुड. 1.109.-10. देखें सु.र.भ. 155.97, इस्. 5860 (चिह्नित- तेत्ज़ा 1879b: 131), चा.रा.संसो. 890.

149. उत्तमं पणिपातेन[1], सूरं भेदेन योजये[2]।
नीचं[3] अप्पपदानेन[4], विक्कमेन समं जये।।

अनुवाद

प्रणाम करके उत्तम को (श्रेष्ठ को) तथा वीर को फूट डाल कर अपने साथ जोड़े। नीच (अधम पुरुष) को थोड़ा द्रव्य (धन) देकर और पराक्रम से बराबरी वाले को जीतना चाहिये।

स्रोत- वृद्ध.चा.7.7:

उत्तमं प्रणिपातेन, शूरं भेदेन योजयेत्।
नीचमल्पप्रदानेन, समशक्तिं पराक्रमैः।।

और पंच.पुर्न. 4.61, पंच.कीलहौर्न 4.114, पंच.कोसेगर्टेन 4.80; चा.रा.नी.शा. 2.18, चा.सा.संग्रह 2.6, पंच.कीलहौर्न 4.109, पंच.कोसेगर्टेन 4.74, गरुड. 1.109.12, नी.शा.वि. 19. देखें सु.र.भ. 158.246, इस्. 1174 (चिह्नित- तेत्ज़ा 1879b: 130),

---

[1] छ.सं. पाणिपातेन

[2] महा. 1 निज्जये; महा. 2, छ.सं. विजये

[3] महा. 2 निच्चं; महा. 1, छ.सं. निचं

[4] महा. 1, महा. 2, छ.सं. दब्बपदानेन

चा.रा.संसो. 166.

150. **यस्स यस्स हि यो भावो, तेन तेन हि तं नरं।**
अनुप्पविस्स[1] मेधावी, खिप्पं अत्तवसं[2] नये॥

अनुवाद

बुद्धिमान को चाहिए कि जिस मनुष्य की जितनी कीमत हो उसको वही देकर शीघ्र अपने वश में कर ले।

स्रोत- हितो.का. 2.54: (चिह्नित- बेज्हर्ट और ब्राउन 1981: 125)

यस्य यस्य हि यो भावस्, तेन हि तं नरम्।
अनुप्रविश्य मेधावी, क्षिप्रमात्मवशं नयेत्।।

और हितो.पे. 2.47, पंच.एङ्गर्टेन 1.29, पंच. हर्टेल 1.28, सूक्ति.र.हा. 147.37, सी.नी. 41, नी.शा.वि. 34, वृद्ध.चा. 6.3, चा.रा.नी.शा. 2.19, गरुड़. 1.109.13, पंच.पुर्न. 1.53, पंच.कीलहौर्न 1.78. देखें सु.र.भ. 163.478, इस्. 5393, चा.रा.संसो. 840.

151. **येन इच्छति सम्बन्धं, तेन तीणि न कारये।**
विवादमत्थसम्बन्धं, परोक्खे दारदस्सनं॥

अनुवाद

जिससे सम्बन्ध स्थापित करना चाहते हैं उसके साथ तीन काम न करे- कहासुनी (=मतभेद), पैसे का लेन-देन और परोक्ष (अनुपस्थिति) में

---

[1] महा. 1 अनुप्पवीस्स, छ.सं. अनुपविस्स

[2] छ.सं. °मत्तवसं

उसकी पत्नी को देखना (या उससे मिलना-जुलना)।
स्रोत- चा.सा.संग्रह 3.50: (चिह्नित- पवोलिनि 1907: 611)

यदीच्छेच्छाश्वतीं प्रीतिं, त्रीणि तत्र न कारयेत्।
द्यूतमर्थप्रयोगं च, परोक्षे दारदर्शनम्।।

चा.रा.नी.शा. 8.45, चा.सा.संग्रह 3.58, चा.नी.शास्त्र. 38, पंच.हर्टेल 3.114, पंच.कीलहौर्न 3.178, सु.वल्लभ. 2760, गरुड. 1.115.46, महाभा. 12.138.58, सी.नी. 67, नी.शा.वि. 86; तुलना पंच.पुर्न. 3.219, सूक्ति.र.हा. 176.57, पंच.एड्गर्टेन 3.99. देखें सु.र.भ. 154.57, इस्. 1332, 1333, चा.रा.संसो. 194.

**152. अच्चाभिक्खणसंसग्गा, असमोसरणेन[1] च।
एतेन मित्ता जीरन्ति, अकाले याचनाय च।।**

अनुवाद
बार-बार अत्यन्त संसर्ग करने से, बार-बार नहीं मिलने से, असमय पर याचना करने से- इन कारणों से मित्र पुराने पड़ जाते हैं।
स्रोत- जातक- 528 महाबोधिजातक- गाथा सं. 134. देखें कौसल्यायन v.321.

**153. तस्मा नाभिक्खणं गच्छे, न च गच्छे चिराचिरं।
कालेन याचं याचेय्य, एवं मित्ता न जीयरे[2]।।**

अनुवाद

[1] छ.सं. असम्मोसरणेन
[2] महा. 2, छ.सं. जीरये

इसलिए न तो निरन्तर जाये, न बहुत अन्तर से जाये (और) समय देख कर ही माँगे- ऐसा करने से मित्र पुराने नहीं पड़ते।
स्रोत- जातक- 528 महाबोधिजातक- गाथा सं. 135 (चिह्नित- बेज्हर्ट और ब्राउन 1981: 42). देखें कौसल्यायन v.321.

154. एते भिय्यो समायन्ति[1], सन्धि तेसं न जीरति।
यो अधिप्पन्नं सहति,[2] यो च जानाति देसनं॥

अनुवाद
ये दो लोग फिर मिल जाते हैं, इनकी परस्पर की सन्धि नष्ट नहीं होती है- जो अपना दोष स्वीकार कर सकता है और जो दोष स्वीकर करने वाले को क्षमा कर सकता है।
स्रोत- जातक- 312 कस्सपमन्दियजातक- गाथा सं. 47 (चिह्नित- बेज्हर्ट और ब्राउन 1981: 53). देखें कौसल्यायन iii.207, पाद 3 *यो चाधिपन्नं जानाति.*
नोट- जातक अट्ठ. के अनुसार शास्ता ने यह गाथा जेतवन में विहार करते हुए एक वृद्ध भिक्षु के बारे में कही।

155. सचे सन्तो[3] विवादन्ति, खिप्पं सन्धियरे[4] पुन।
बाला पत्ताव भिज्जन्ति, न ते समथमज्झगू[5]॥

---

[1] महा. 2, छ.सं. समं यन्ति
[2] महा. 1 यो च सहतिऽधिप्पन्नं
[3] महा. 2, छ.सं. सन्ता
[4] महा. 2, सन्धिरये छ.सं. धिरये
[5] महा. 2, छ.सं. समथमज्झगुं

अनुवाद
यदि सज्जन कभी विवाद करते हैं, तो फिर शीघ्र ही संधि (मित्रता) कर लेते हैं। मूर्ख (मिट्टी के) बर्त्तनों की तरह टूटते हैं और वे शान्ति प्राप्त नहीं करते।
स्रोत- जातक- 312 कस्सपमन्दियजातक- गाथा सं. 46 (चिह्नित- बेज्हर्ट और ब्राउन 1981: 65). देखें कौसल्यायन iii.207.

156. **येन मित्तेन संसग्गा[1], योगक्खेमो विहीयति[2]।**
पुब्बे वज्झाभवन्तस्स[3], रक्खे[4] अक्खीव[5] पण्डितो॥

अनुवाद
जिस मित्र के संसर्ग से कल्याण का नाश होता है, ज्ञानी को चाहिए कि उसके द्वारा अभिभूत अपने यश आदि की अपनी आँख के समान रक्षा करे।
स्रोत- जातक-272 ब्यग्घजातक- गाथा सं. 64 (चिह्नित- बेज्हर्ट और ब्राउन 1981: 43). देखें कौसल्यायन iii.82, पाद 2 *योगक्खेमो विहिंसति.*
नोट- जातक अट्ठ. के अनुसार यह गाथा शास्ता ने जेतवन में विहार करते समय कोकालिक भिक्षु के बारे में कही।

---

[1] महा. 2, छ.सं. संसग्गो
[2] महा. 1 विहिय्यति
[3] तस्स महा. 1 अज्झाभवं
[4] महा. 1 रक्खेय्य
[5] महा. 1 अग्गि व; महा. 2, छ.सं. अक्खि व

157. **येन मित्तेन संसग्गा, योगक्खेमो पवड्ढति।**
करेय्यत्तसमं वुत्तिं[1], सब्बकिच्चेसु पण्डितो॥

अनुवाद

जिस मित्र के संसर्ग से कल्याण की वृद्धि होती है, सभी कार्यों में ज्ञानी आदमी उसके साथ अपने जैसा बर्ताव करे।

स्रोत- जातक-272 ब्यग्घजातक- गाथा सं. 64 (चिह्नित- बेज्हर्ट और ब्राउन 1981: 43). देखें कौसल्यायन iii.82.

158. **गुणे[2] सब्बञ्ञुतुल्यो पि, सीदतेको अनिस्सयो।**
अनग्घमपि माणिक्कं, हेमं निस्साय सोभते[3]॥

अनुवाद

गुण में सर्वज्ञ के तुल्य होने पर भी बिना आश्रय के कोई शोभायमान नहीं होता। जैसे अत्यन्त बहुमूल्य रत्न भी सोने पर आश्रित होकर ही शोभित होता है।

स्रोत- चा.नी.दर्पण 16.10:

गुणैः सर्वज्ञतुल्योऽपि, सीदत्येको निराश्रयः।
अनर्घ्यमपि माणिक्यं, हेमाश्रयमपेक्षते।।

तुलना सु.वल्लभ. 2683. देखें सु.र.भ. 81.11, सु.रत्नाकर 52.6 और 89.4, इस्. 2164, चा.रा.संसो. 349 (चिह्नित- बेज्हर्ट और ब्राउन 1981: 41).

---

[1] छ.सं. वुत्ति

[2] महा. 1 गुणी; महा. 2, छ.सं. गुणो

[3] महा. 1 °ति

159. पब्बे पब्बे कमेनुच्छु, विसेसरसवाग्गतो[1]।
तथा सुमेत्तिको[2] साधु, विपरीतो[3] व दुज्जनो॥

अनुवाद

गन्ना उपर से लेकर नीचे की ओर की हर बढ़ती हुई गाँठ में रसीला होता जाता है। उसी तरह सज्जन व्यक्ति की मैत्री क्रमशः बढ़ती जाती है और दुर्जन की मैत्री उसके विपरीत होती है।

स्रोत- पंच.पुर्न. 2.31:

इक्षोरग्रात् क्रमशः, पर्वणि पर्वणि यथा रसविशेषः।
तद्वद्धि सुजनमैत्री, विपरीतानां तु विपरीता।।

पंच.कोसेगर्टेन 2.37, सूक्ति.र.हा. 36.2,6 (चिह्नित- स्टर्नबाख़ 1971-76, I.185, 196). देखें सु.र.भ. 47.108, सु.रत्नाकर 13.27, इस्. 1088, महा.सु.सं. 5742.

160. तेनेव मुनिना वुत्तं,[4] धम्मा ये केचि लोकिया[5]।
तथा लोकुत्तरा चेव,[6] धम्मा निब्बानगामिनो[7]॥

अनुवाद

तभी मुनि (बुद्ध) ने कहा है कि जो कुछ लोकिय और लोकुत्तर धम्म

---

[1] महा. 2, छ.सं. विसेसरसिवग्गतो
[2] महा. 2, छ.सं. सुमित्तिको
[3] छ.सं. विपरितो
[4] चूलवंस 48.29 तेनेव वुत्तं मुनिना
[5] महा. 2, छ.सं. ये केचि लोकिया धम्मा
[6] महा. 2, छ.सं. तथा निब्बानगामीनो
[7] महा. 2, छ.सं. सन्ति लोकुत्तरा धम्मा

है, (सभी) धम्म निर्वाण की ओर ले जाने वाले हैं।
स्रोत- चूलवंस 48.29.

161. **कल्याणमित्तमागम्म, सब्बे ते होन्ति पाणिनं।**
तस्मा कल्याणमित्तेसु, कातब्बो हि[1] सदादरो[2]॥

अनुवाद

कल्याणमित्र के समीप आने से सभी कुछ होता है प्राणियों का (अर्थात् प्राणी का कुशल होता है)। इसलिये कल्याणमित्रों का सदा आदर करना चाहिये।

स्रोत- चूलवंस - 48.30

नोट- बेज्हर्ट और ब्राउन (1981: 44, *धम्मनीति* गाथा सं. 108) ने गाथा का स्रोत पहचानने में भूल की है।

162. **यो वे कतञ्ञू कतवेदि[3] धीरो[4],**
कल्याणमित्तो दळ्हभत्ति च[5] होति।
दुक्खितस्स सक्कच्च[6] करोति किच्चं,
तथाविधं सप्पुरिसं[7] वदन्ति॥

---

[1] चूलवंस 48.30 ति

[2] महा. 2, छ.सं. कातब्बो आदरो सदा

[3] महा. 1 कतवेदी; महा. 2, छ.सं. कतवेदिको

[4] महा. 2, छ.सं. धिरो

[5] महा. 1 निरस्त

[6] छ.सं. सक्कच्चं

[7] महा. 2, छ.सं. सप्पुरिसा ति

अनुवाद

जो कृतज्ञ हो, कृत-उपकार को याद रखने वाला हो, बुद्धिमान् हो, कल्याणमित्र हो, दृढ़-भक्त हो, दुःखी का पूरी तरह उपकार करता हो- वैसे ही मनुष्य को सत्पुरुष कहते हैं।

स्रोत- जातक-522 सरभङ्गजातक- गाथा सं. 78 (चिह्नित- बेज्हर्ट और ब्राउन 1981: 44). देखें कौसल्यायन v.228.

नोट- इस जातक का उपदेश शास्ता ने वेळुवन में महामोग्गलान स्थविर के परिनिर्वाण के संदर्भ में किया।

163. **यस्सा[1] पि[2] धम्मं पुरिसो विजञ्ञा,**
ये चस्स कङ्खं विनयन्ति सन्तो।
तञ्हिस्स दीपञ्च परायनञ्च,
न तेन मित्तिं[3] जिरयेथ पञ्ञो॥

अनुवाद

पुरुष जिससे धर्म सीखे और जो संत पुरुष उसकी शंका दूर करे, वे ही उसके लिए द्वीप (आश्रय) एवं शरण-स्थान होते हैं। बुद्धिमान् को चाहिए कि वैसे व्यक्ति की मैत्री को पुराना न होने दे।

स्रोत- जातक-452- भूरिपञ्ञजातक, गाथा सं. 152 (चिह्नित- बेज्हर्ट और ब्राउन 1981: 126). देखें कौसल्यायन vi.389, पाद 1 *यस्सा हि धम्मं मनुजो विजञ्ञा.*

---

[1] महा. 2, छ.सं. यस्स

[2] महा. 2, छ.सं. हि

[3] महा. 2 मित्तं; छ.सं. मेत्ति

4. नायककथा
नायककथा

164. **कस्सको वाणिजोऽमच्चो, समणो सुतसीलवा।**
तेसु विपुलजातेसु, रट्ठं पि विपुलं सिया॥

अनुवाद

कृषक, व्यापारी, मंत्री, शीलवान् एवं ज्ञानी श्रमण- इनके बहुत होने पर राष्ट्र का भी विस्तार होता है।

165. **तेसु दुब्बलजातेसु, रट्ठं पि दुब्बलं सिया।**
तस्मा सरट्ठं[1] विपुलं, धारेय्य[2] रट्ठभारवा[3]॥

अनुवाद

उनके (अर्थात् कृषक, व्यापारी, मंत्री, शीलवान् ज्ञानी श्रमण के) दुर्बल होने पर राष्ट्र भी दुर्बल होता है। इसलिये राष्ट्र के भार को ढोनेवाला (नायक) इनके वैपुल्य से युक्त अपने राष्ट्र को धारण करे।

---

[1] महा. 2, छ.सं. रट्ठंपि

[2] महा. 2, छ.सं. धारये

[3] महा. 1 रट्ठभरधो, छ.सं. रट्ठसारवा

166. **महारुक्खस्स फलिनो, आमं छिन्दति यो फलं।**
रसञ्चस्स न जानाति, बीजञ्चस्स विनस्सति॥

अनुवाद

जो फलदार महान् वृक्ष के फलो को कच्चा तोड़ता है, वह उसके रस को नहीं जानता (अर्थात् उसका रस नहीं चख सकता) और उसके बीज का भी नाश करता है।

स्रोत- जातक-528- महाबोधिजातक-गाथा सं. 172 (चिह्नित- बेज्हर्ट और ब्राउन 1981: 59). देखें कौसल्यायन v.329.

167. **महारुक्खूपमं[1] रट्ठं, अधम्मेन[2] पसासति[3]।**
रसञ्चस्स न जानाति, रट्ठञ्चापि विनस्सति॥

अनुवाद

जो महान् वृक्ष जैसे राष्ट्र पर अधर्म से शासन करता है, वह उसके रस का आस्वादन नहीं करता (उसको नहीं जानता) और राष्ट्र का भी विनाश करता है।

स्रोत- जातक-528 महाबोधिजातक, गाथा सं. 173 (चिह्नित- बेज्हर्ट और ब्राउन 1981: 59). देखें कौसल्यायन v.329.

168. **महारुक्खस्स फलिनो, पक्कं छिन्दति यो फलं।**
रसञ्चस्स विजानाति, बीजञ्चस्स न नस्सति॥

---

[1] महा. 2, छ.सं. महारुक्खुपमं

[2] महा. 1, महा. 2, छ.सं. यो अधम्मेन

[3] महा. 2, छ.सं. सासति

अनुवाद

जो फलदार महान् वृक्ष के फलो को पकने पर तोड़ता है, वह उसके रस का आस्वादन करता है (अर्थात् उसको जानता है) और उसके बीज को भी नष्ट नहीं करता।

स्रोत- जातक-528 महाबोधिजातक-गाथा सं. 174 (चिह्नित- बेज्हर्ट और ब्राउन 1981: 59). देखें कौसल्यायन v.329.

169. **महारुक्खूपमं[1] रट्ठं, धम्मेन यो पसासति।**
रसञ्चस्स विजानाति, रट्ठञ्चापि न नस्सति॥

अनुवाद

जो महान् वृक्ष जैसे राष्ट्र का धर्म से शासन करता है, वह उसके रस का भी आस्वादन करता है और राष्ट्र का भी नाश नहीं करता।

स्रोत- जातक-528 महाबोधिजातक-गाथा सं. 175 (चिह्नित- बेज्हर्ट और ब्राउन 1981: 60, 126). देखें कौसल्यायन v.329.

170. **जनप्पदञ्च यो राजा, अधम्मेन पसासति।**
सब्बोसधीहि[2] सो राजा, विरुद्धो होति खत्तियो॥

अनुवाद

जो राजा अधर्म से देश पर शासन करता है, उस क्षत्रिय राजा पर कोई औषधि काम नहीं करती है।

स्रोत- जातक-528 महाबोधिजातक- गाथा सं. 176 (चिह्नित-

---

[1] महा. 2, छ.सं. महारुक्खुपमं

[2] छ.सं. सब्बोसधिहि

बेज्हर्ट और ब्राउन 1981: 60, 126). देखें कौसल्यायन v.329.

171. **तथेव[1] नेगमे[2] हिंसं, ये युत्ता कयविक्कये।**
ओजदानबलीकारे[3], स कोसेन विरुज्झति॥

अनुवाद

उसी प्रकार जो राजा निगम के लोगों तथा व्यापारियों को कष्ट देता हुआ शासन करता है, उसे कर तथा बलि न मिलने से उसका कोष खाली हो जाता है।

स्रोत- जातक-528 महाबोधिजातक-गाथा सं. 177 (चिह्नित- बेज्हर्ट और ब्राउन 1981: 60, 126). देखें कौसल्यायन v.329.

172. **पहारवरखेत्तञ्ञू[4] सङ्गामे कतनिस्समे।**
उस्सिते हिंसयं राजा, स बलेन विरुज्झति॥

अनुवाद

युद्ध-भूमि के ज्ञाता, महान् योद्धा तथा प्रसिद्ध मन्त्रियों को कष्ट पहुँचाता हुआ जो राजा शासन करता है, वह (सैन्य) बल से क्षीण हो जाता है।

स्रोत- जातक-528- महाबोधिजातक-गाथा सं. 178 (चिह्नित- बेज्हर्ट और ब्राउन 1981: 60, 126). देखें कौसल्यायन v.329.

173. **तथेव इसयो हिंसं[1], संयमे ब्रह्मचारियो[2]।**

---

[1] पा.नी.टे.ब. थथेव

[2] महा. 2, छ.सं. निगमे

[3] महा. 1 ओजादानबलीकारे; महा. 2, छ.सं. सुङ्कदानबलीकारे

[4] महा. 1 पहारठानखेत्तञ्ञू; महा. 2, छ.सं. महारवरखेत्तेसु

अधम्मचारी[3] खत्तीयो, सो सग्गेन विरुज्झति॥

अनुवाद

उसी प्रकार वह अधार्मिक क्षत्रिय ऋषियों को तथा संयत ब्रह्मचारियों को कष्ट पहुँचाने वाला स्वर्ग का अधिकारी नहीं रहता।

स्रोत- जातक-528- महाबोधिजातक-गाथा सं. 179 (चिह्नित-बेज्हर्ट और ब्राउन 1981: 60, 126). देखें कौसल्यायन v.330.

174. **सयं कता न परेन,[4] महानज्जोऽजुवङ्कता[5]।**
इस्सरेन तथा रञ्ञा, सरट्ठे अधिपच्चता॥

अनुवाद

बड़ी-नदी का सीधापन या टेढ़ापन स्वयंकृत है, परकृत नही। उसी प्रकार राजा द्वारा अपने राष्ट्र में ईश्वरत्व और आधिपत्य (वह जो किसी भूखंड का स्वामी हो) स्वयं प्राप्त किया जाता है (किसी अन्य की सहायता से नहीं)।

175. **पापं वापि हि पुञ्ञं वा, पधानो[6] यं करोति चे।**
लोको पेवं करोत्येव[7], तं विजानेय्य पण्डितो॥

---

[1] महा. 2, छ.सं. हिंसो
[2] महा. 1 ब्रह्मचारिये
[3] महा. 2, छ.सं. अधम्मचारि
[4] महा. 1 सयं कता महानज्जा
[5] महा. 1 न परेन उजुवङ्कता, छ.सं. जुवकता
[6] महा. 1 पट्ठानो
[7] महा. 1, चूलवंस 46.26 करोतेव

अनुवाद

(देश का) प्रधान (राजा) जो कुछ भी पाप या पुण्य करता है, दुनिया (प्रजा, लोक) भी वही करती है (अर्थात् सभी लोग प्रधान का अनुकरण करते हैं)। ज्ञानी को इस बात को जानना चाहिये।

स्रोत- चूलवंस 46.26

176. **कच्छपीनञ्च मच्छीनं, कुक्कुटीनञ्च धेनुनं[1]।**
पुत्तपोसो[2] यथा होति, तथा मच्चेसु राजुनं[3]॥

अनुवाद

जिस प्रकार कछुओं के लिये, मछलियो के लिये, मुर्गियों के लिये तथा गायों के लिये उनके बच्चे होते हैं, वैसे ही राजाओं के लिये उनकी प्रजा है (अर्थात् अपने बच्चे के लिये जैसे कछुआ, मछली, मुर्गी तथा गाय होती है, वैसे ही मनुष्यों के लिए अर्थात् प्रजा के लिए राजा का स्थान होता है)।

177. **अनायका विनस्सन्ति, नस्सन्ति बहुनायका।**
थीनायका विनस्सन्ति, नस्सन्ति सुसुनायका॥

अनुवाद

जो बिना नेता के हैं उनका नाश होता है, नाश उनका भी होता हैं जिनके बहुत सारे होते नेता हैं। जिनकी नेत्री स्त्री है उनका भी नाश होता

---

[1] महा. 2, छ.सं. धेनूनं

[2] छ.सं. पुत्तपोसा

[3] महा. 2, छ.सं. राजूनं

है और नाश उनका भी होता है जिनका नेता बालक है।
स्रोत– चा.रा.नी.शा. 8.63:

अनायका विनश्यन्ति, नश्यन्ति बहुनायकाः।
स्त्रीनायकं विनश्यन्ति, नश्यन्ति शिशुनायकाः।।

तुलना गरुड. 1.115.62, सूक्ति.र.हा. 192.56, शार्ङ्ग.ध.प. 1466. देखें सु.र.भ. 154.36, इस्. 7444 (चिह्नित– पवोलिनि 1907: 611), 279, 3762, चा.रा.संसो. 1148, महा.सु.सं. 1330.

178. **बहवो[1] यत्थ नेतारो, सब्बे पण्डितमानिनो।**
सब्बे महत्तमिच्छन्ति, कतं नेसं विनस्सति॥

अनुवाद
जहाँ बहुत नेता हों और सभी अपने आप को ज्ञानी मानते हों तथा सभी महत्ता की इच्छा करें, उनका किया हुआ काम नष्ट हो जाता है।
स्रोत– सूक्ति.र.हा. 196.108:

बहवो यत्र नेतारः, सर्वे पण्डितमानिनः।
सर्वे महत्त्वमिच्छन्ति, तद्वृन्दमवसीदति।।

और सु.वल्लभ. 2724, सु.अर्णव 90, नी.शा.वि. 11, चा.रा.संसो. 1732 (चिह्नित– बेज्हर्ट और ब्राउन 1981: 94.122).

टिप्पणी
यहाँ पालि गाथा के पहले तीन पाद सूक्ति.र.हार. के सुभाषित में यथास्थित पाये जाते हैं। चौथे पाद में पालि रचानाकार ने एक उल्लेखनीय बदलाव किया है। संस्कृत सुभाषित में पहले तीन पादों में बताये गये

---
[1] महा. 2, छ.सं. बहुवो

कारणों के चलते ऐसे लोगों के समूह या संघटन को नष्ट होने की बात कही गयी है। इसके विपरीत पालि रचना में उन्हीं कारणों के चलते इस समुदाय का कार्य नष्ट होता है ऐसा कहा गया है। भले ही इस बदलाव को बौद्ध मत के प्रभाव की संज्ञा न दी जा सके लेकिन व्यक्ति-समूह के स्थान पर उसके कार्य को दी गयी प्रधानता रचनाकार के भिन्न दृष्टिकोण को निश्चय ही रेखांकित करती है।

179. **नोदयाय विनासाय, बहुनायकता भूसं।**
नो नमिस्सन्ति[1] नस्सन्ति[2], पद्मान्यक्केहि सत्तहि॥

अनुवाद

बहुत सारे नेताओं का होना विकास या प्रगति करने के लिये नही, विनाश करने के लिये होता है। सच तो यह है कि सात सूर्य यदि उग जाय तो कमल कुम्हला ही नहीं जाते वरन् नष्ट हो जाते हैं।

स्रोत- व्यास 84:

नोदयाय विनाशाय, बहुनायकता ध्रुवम्।
नो नमिष्यन्ति नश्यन्ति, पद्मान्यर्कैस्तु सप्तभिः।।

और व्यास (सि.) 90 (चिह्नित- बेज्हर्ट 1964).

180. **असन्तुट्ठो यति[3] नट्ठो, सन्तुट्ठो च महीपति।**
सलज्जा गणिका नट्ठा, निलज्जा तु कुलङ्गना॥

---

[1] महा. 2, छ.सं. मिलन्ति
[2] महा. 2, छ.सं. विनस्सन्ति
[3] महा. 1 भिक्खु, छ.सं. यती

अनुवाद

असंतुष्ट होने वाला संन्यासी और संतुष्ट होने वाला राजा नष्ट हो जाता है। लज्जाशील गणिका चौपट हो जाती है और निर्लज्ज कुलीन स्त्रियाँ भ्रष्ट हो जाती है।

नोट- यहाँ पालि-शब्द 'नट्ठा' का अनुवाद संदर्भ के अनुसार अधम, नाश, चौपट और भ्रष्ट किया गया है।

स्रोत- व्यास(सि)52:

असंतुष्टो यातिर्नष्टः, संतुष्टश्च महीपतिः।
सलज्जा गणिका नष्टा, निर्लज्जा च कुलाङ्गना।।

और सी.नी. 102. व्यास 54, सूक्ति.र.हा. 236.2, चा.नी.दर्पण 8.18, चा.नी.शास्त्र. 78, ल.चा. 4.3, चा.रा.नी.शा. 8.130, हितो.का. 3.64, हितो.पे. 3.62, देखें सु.र.भ. 162.411, इस्. 755 (चिह्नित- पवोलिनि 1907: 611), चा.रा.संसो. 110, महा.सु.सं. 3615. तुलना स्टर्नबाख़ 1970-75: 4-6.

181. **न गणस्सग्गतो गच्छे, सिद्धे कम्मे समं फलं।**
कम्मविपत्ति[1] चे होति, मुखरो[2] तत्र हञ्ञते[3]॥

अनुवाद

समूह के आगे-आगे (मुखिया होकर) नही जाना चाहिये, क्योंकि काम सिद्ध होने पर फल सबको बराबर (प्राप्त) होता है और यदि कार्य बिगड़

---

[1] छ.सं. कम्मविप्पत्ति

[2] महा. 1 मुखरं

[3] महा. 1 हञ्ञरे

जाय तो वहाँ मुखिया (ही) मारा जाता है।
स्रोत- हितो.ज. 1.28 (चिह्नित-ग्रे 1886: 86):

न गणस्याग्रतो गच्छेत्, सिद्धे कार्ये समं फलम्।
यदि कार्यविपत्तिः स्यान्, मुखरस् तत्र हन्यते।।

और हितो.का. 1.29, हितो.पे. 1.21, शार्ङ्ग.ध.प. 1464. देखें सु.र.भ. 153.33, इस्. .3216.

**182. बधिरो[1] च तपस्सी च[2], सूरो रणवणो तथा।
मज्जपो पति थी राजा, एते न सद्दहामहं॥**

अनुवाद
बधिर, तपस्वी, संग्राम में घायल शूर, मद्यप (शराबी) पति और नारी शासक- इनके प्रति मेरी श्रद्धा नहीं है (अर्थात् इनमें विश्वास नहीं करता)।
स्रोत- वृद्ध.चा. 7.1:

नागरश्च तपस्वी च, शूरश्चाप्यकृतवरणः।
मद्यपः स्त्रीसतीत्वं च, राजन्न श्रद्धाम्यहम्।।

तुलना सी.नी. 90. देखें चा.रा.संसो. 575, 1477. (चिह्नित- बेज्हर्ट और ब्राउन 1981: 127).

183. जानेय्य पेसने भच्चं, बन्धवेपि[3] भयागते।

---

[1] छ.सं. पधिरो
[2] छ.सं. नि
[3] महा. 2, छ.सं. बन्धवापि

आपदासु तथा मित्तं, दारञ्च विभवक्खये॥

अनुवाद

काम देकर कहीं भेजे जाने पर सेवक को, संकट उत्पन्न होने पर रिश्तेदार को, उसी प्रकार आपत्तियों में मित्र को और सम्पत्ति नष्ट होने पर पत्नी को पहचाने।

स्रोत– चा.सा.संग्रह 1.72 (चिह्नित– स्टर्नबाख़ 1962-1970):

ज्ञातव्यं प्रेषणे भृत्यान्, बान्धवान् व्यसनागमे।
आपत्काले तथा मित्रं, भार्यं च विभवक्षये।।

चा.नी.दर्पण 1.11; वृद्ध.चा. 1.12, चा.नी.शास्त्र. 19, चा.रा.नी.शा. 2.40, सूक्ति.र.हा. 191.49, सु.अर्णव 91, गरुड. 1.109.32, सी.नी. 45. देखें सु.र.भ. 155.98, इस्. 2405, चा.रा.संसो. 392.

184. **रणा पच्चागतं सूरं, धनञ्च घरमागतं।**
जिण्णं[1] अन्नं[2] पसंसेय्य, दारञ्च गतयोब्बनं॥

अनुवाद

रणक्षेत्र से वापस आने पर वीर की और घर आने पर धन की, पचने पर अन्न की और जवानी बीतने पर स्त्री की प्रशंसा करनी चाहिए।

स्रोत– महाभा. 5.35.59:

रणात्प्रत्यागतं शूरं, शस्यं च गृहमागतम्।।
जीर्णमन्नं प्रशंसीयात्, भार्यां च गतयौवनाम्।।

नी.शा.वि. 28. तुलना चा.सा.संग्रह 2.79, चा.नी.शास्त्र. 77. देखें

---

[1] छ.सं. जिण्ण
[2] छ.सं. मन्नं

सु.र.भ. 162.410, इस्. 2424, चा.रा.संसो. 396 (चिह्नित- बेज्हर्ट और ब्राउन 1981: 67, 127).

185. सद्धा पेमेसु सन्तेसु, न गणे मासकं सतं।
सद्धा पेमेस्व[1] असन्तेसु[2], मासकं पि सतं गणे॥

अनुवाद

श्रद्धा और प्रेम के रहने पर सौ सिक्के को भी नही गिने (अर्थात् सौ सिक्के देकर भी परवाह न करे)। श्रद्धा और प्रेम के न रहने पर छोटे सिक्के को भी सौ समझे (अर्थात् एक सिक्का भी दे तो समझे सौ दिया)।

186. अदन्तदमनं दानं, दानं सब्बत्थ साधकं[3]।
दानेन पियवाचाय[4], उन्नमन्ति नमन्ति च॥

अनुवाद

उदारता (दान देने) से जिसका दमन नहीं किया जा सकता है उसका भी दमन होता है, उदारता सभी कार्यों की साधिका है। उदारता और प्रिय वचन से सभी स्वयं झुकते हैं और दूसरों को भी झुकाते हैं।

स्रोत- दी.नि.अट्ठ. 3.207, विसुद्धि. 1.297 (चिह्नित- बेज्हर्ट और ब्राउन 1981: 95.130).

187. दानं सिनेहभेसज्जं, मच्छेरं दूस्सनोसधं[1]।

---

[1] छ.सं. वेमेस्व

[2] छ.सं. सन्तेसु

[3] महा. 1 अदनं दन्तदूसकं

[4] महा. 2, छ.सं. पियवाचे न

दानं यसस्सिभेसज्जं[2], मच्छेरं कप्पणोसधं[3]॥

अनुवाद

उदारता स्नेह-भरी दवा है, कंजूसी द्वेष-भरी औषधि है। उदारता यशस्वी की दवा है, मात्सर्य कृपण की औषधि है।

नोट-

मच्छेर- कंजूसी। मुझमें ही यह गुण हो, मेरे पास ही यह वस्तु हो, अन्य के पास नहीं हो- इस प्रकार अपने ही उत्कर्ष हेतु से प्रवृत्त चित्त मत्सर है। पायी हुई या पायी जानेवाली अपनी सम्पत्ति का छिपाना इसका लक्षण है। यह दान के विरोधी चित्त का पर्याय है। इसमें धन के अपरित्याग की इच्छा प्रधान होती है।

188. **दुब्भिक्खे अन्नदातारं[4], सुभिक्खे च हिरञ्ञदं।**
भये चाभयदातारं[5], सग्गे पि बहु मञ्ञते[6]॥

अनुवाद

अकाल में भोजन देने वाले की, सुभिक्ष (सुकाल) में सोना देने वाले की, भय आ जाने पर अभय देने वाले की स्वर्ग में भी बहुत अच्छी राय रखते हैं।

स्रोत- व्यास 14:

---

[1] महा. 2, छ.सं. दुस्सनोसधं

[2] छ.सं. यसस्सभोसज्जं

[3] छ.सं. कप्पनोसधं

[4] महा. 2, छ.सं. अन्नदातं च

[5] महा. 2, छ.सं. चाभयतादानं

[6] महा. 1 मञ्ञतेति

दुर्भिक्षे चान्नदातारं, सुभिक्षे च हिरण्यदम्।
भये चाभयदातारं, स्वर्गेऽपि बहु मन्यते।।

व्यास (सि)14 (चिह्नित- बेज्हर्ट 1964), सूक्ति.र.हा. 16.2; तुलना सु.वल्लभ. 2973. देखें इस्. 7547.

189. **सतं चक्खु सतं कण्णा, नायकस्स सुता सदा।**
तथा पि अन्धबधीरो[1], एसा नायकधम्मता।।

अनुवाद

नायक (नेता) को सदा सौ आँख और सौ कान होते हैं (अर्थात् नायक की सूचनाएँ सौ आँखो पर और सौ कानों पर आधारित है), फिर भी वह अंधा और बहरा होता है। यही नायकधर्मता है।

190. **खमा जागरियुट्ठानं, संविभागो दयिक्खणा।**
नायकस्स गुणा एते, इच्छितब्बा हितत्थिना।।

अनुवाद

सहनशीलता, जागरूकता, उद्यमशीलता, दयादृष्टि ये नायक के गुण हैं- हित चाहने वाले को ऐसे गुणों की इच्छा रखनी चाहिए।

191. **परिभूतो मुदु[2] होति, अतितिक्खो च वेरवा।**
एतञ्च उभयं ञत्वा, अनुमज्झं समाचरे।।

अनुवाद

---

[1] छ.सं. अन्धपधीरो

[2] महा. 2, छ.सं मुदू

कमजोर राजा अनादृत (तिरस्कृत) होता है और उग्र राजा के सभी वैरी हो जाते हैं- इन दोनों बातों को जानकर (राजा) मध्यस्थ आचरण (न तो अधिक कठोर न तो अधिक उग्र आचरण) करे।

स्रोत- जातक-472- महापदुमजातक-गाथा सं. 111 (चिह्नित- बेज्हर्ट और ब्राउन 1981: 59, 127). देखें कौसल्यायन iv.391.

नोट- जातक अट्ठ. के अनुसार यह गाथा शास्ता ने जेतवन में विहार करते हुए चिञ्चा माणविका के बारे में कहीं।

192. **नेकन्तमुदुना सक्का, एकन्ततिखिणेन वा।**
अत्तं महन्ते[1] ठपेतुं, तस्मा उभयमाचरे॥

अनुवाद

न केवल मृदुता ही मृदुता से और न केवल कठोरता ही कठोरता से आदमी अपने आपको महान् बना सकता है, इसलिए बीच का रास्ता अपनावे।

स्रोत- जातक-472 महापदुमजातक-गाथा सं. 110 (चिह्नित- बेज्हर्ट और ब्राउन 1981: 59, 128). देखें कौसल्यायन iv.391.

193.

पिट्ठितोऽक्कं निसेवेय्य, कुच्छिना तु हुतासनं[2]।
सामिकं सब्बभावेन, परलोकं अमायया[3]॥

---

[1] महा. 2, छ.सं महन्ते

[2] महा. 1 हुतासना

[3] महा. 2, छ.सं अमायाय

अनुवाद

सूर्य का सेवन पीठ से, अग्नि का पेट से, मालिक की सेवा सभी प्रकार से और परलोक का सेवन निष्कपट भाव से करना चाहिए।

स्रोत- चा.रा.नी.शा. 8.52:

पृष्ठतोऽर्कं निशेवेत, जठरेण हुताशनम्।
स्वामिनं सर्वभावेन, परलोकममायया।।

हितो.ज. 2.32 (चिह्नित- ग्रे 1886: 57), हितो.का. 2.34, हितो.पे. 2.30, नी.शा.वि. 7. देखें सु.र.भ. 163.472, इस्. 4188, चा.रा.संसो. 681.

194. न सेवे फरुसं सामिं, तं पि सेवे न मच्छरिं।
ततोऽपग्गण्हकं नेव[1], सेवे निग्गण्हकं ततो।।

अनुवाद

कठोर (निर्दय) स्वामी की सेवा न करे, यदि उसकी सेवा कर भी ले तो स्वार्थी या द्वेषी की सेवा न करे। उससे भी बढ़कर पक्षपात करने वाले स्वामी की सेवा न करे और उससे भी अधिक जो कठोर नियंत्रण करने वाला है उसकी सेवा कभी भी न करे।

195. न[2] सो राजा यो अजेय्यं जिनाति,
न सो सखा यो सखारं[3] जिनाति।

---

[1] महा. 2, छ.सं सेवे

[2] महा. 1 राजा न सो यो अजेय्यं जिनाति

[3] महा. 1 च सखिनं

न सा भरिया या[1] पतिनो विभेति[2],
न[3] ते पुत्ता[4] ये न भरन्ति जिण्णं[5]॥

अनुवाद

वह राजा नहीं है जो अजेय को न जीत ले, वह मित्र नहीं है जो (छल-कपट से) मित्र को जीत ले, वह पत्नी नहीं है जो पति के विपरीत हो, वे पुत्र नहीं हैं जो बूढ़े (माता-पिता) की सेवा न करे।

स्रोत- जातक- 537 महासुतसोमजातक-गाथा सं. 491 (चिह्नित-बेज्हर्ट और ब्राउन 1981: 68, 128). देखें कौसल्यायन v.588-9.

196. **न सा सभा यत्थ न सन्ति सन्तो,**
न ते सन्तो ये न वदन्ति धम्मं।
रागञ्च दोसञ्च पहाय मोहं,
धम्मं भणन्ता व भवन्ति सन्तो॥

अनुवाद

वह सभा नहीं जहाँ संत न हो, वे संत नहीं जो धर्मोपदेश न करें। राग, द्वेष और मोह को छोड़कर जो धर्म की बात करे वे ही संत हैं।

स्रोत- जातक- 537 महासुतसोमजातक, गाथा सं. 492. देखें कौसल्यायन v.588-9।

बेज्हर्ट और ब्राउन (1981: 38, 128) ने पवोलिनि (1907: 611)

---

[1] छ.सं निरस्त

[2] महा.2, छ.सं विरोधति

[3] महा. 1 पुत्ता न ते ये भ° जि°

[4] छ.सं वुत्ता

[5] महा.2, छ.सं जिण्णकं

को उद्धरित करते हुए उपरोक्त गाथा का स्रोत शतक.सु.सं. 568 के निम्न संस्कृत सुभाषित को माना है जो सही नही है।

न सा सभा यत्र न सन्ति वृद्धा,
वृद्धा न ते ये न वदन्ति धर्मम्।
धर्मः स नो यत्र न चास्ति सत्यं,
सत्यं न तत्यत् कपटानुविद्धम्।।

197. **सुतस्स रक्खा सतताभियोगो,**
कुलस्स वत्तं पुरिसस्स विज्जा।
रञ्ञोऽपमादो पसमो धनस्स,
थीनन्तु जानामि न जातु रक्खं॥

अनुवाद

सतत अभ्यास से धार्मिक ज्ञान की रक्षा की जाती है, सतत अभ्यास से ही कुल के व्रत (रीति-रिवाज) की, सतत अभ्यास से ही पुरुष विद्या की रक्षा की जाती है। सतत अभ्यास से ही राजा प्रमाद से बचता है, सतत अभ्यास से ही धन में संतुष्टि आती है परन्तु मैं बिल्कुल नहीं जानता कि स्त्री को कैसे रखना चाहिये या स्त्री की रक्षा कैसे करनी चाहिये (ताकि वह गलत काम न करे)।

5. इत्थिकथा
स्त्रीकथा

198. **मातरा[1] पुत्तिया[2] वा पि,**
भगिनिया[3] विचक्खणो।
न विवित्तासने मन्ते,
नारी मायाविनी ननु॥

अनुवाद

निश्चय ही नारी मायाविनी होती है, (इसलिए) न माता के साथ, न पुत्री के साथ और न बहन के साथ भी बुद्धिमान् व्यक्ति एकान्त में मंत्रणा करे।

स्रोत- मनु. 2.215: (चिह्नित- पवोलिनि 1907: 611)

मात्रा स्वस्रा दुहित्रा वा, न विविक्तासनो भवेत्।
बलवानिन्द्रियग्रामो, विद्वांसमपि कर्षति।।

199. **विज्जुतानञ्च लोलत्तं, सत्थानञ्चातितिक्खतं[1]।**

---

[1] महा.2, छ.सं नमातरा

[2] महा.2, छ.सं धीतुया

[3] छ.सं भगीनिया

सीघतं वायुतेजानं, अनुकुब्बन्ति नारियो॥

अनुवाद

बिजली की चपलता, शस्त्रों की तीक्ष्णता तथा वायुवेग की तीव्रता का नारियाँ अनुकरण करती हैं (अर्थात् नारी में बिजली जैसी चपलता है, शास्त्रों की तीक्ष्णता है और वायु की तीव्रता है)।

200. **द्विगुणो थीनमाहारो, बुद्धि चापि चतुग्गुणा[2]।**
छग्गुणो[3] होति वायामो, कामोत्वट्ठगुणो भवे॥

अनुवाद

(पुरुषों की अपेक्षा) स्त्रियों का आहार दुगुणा, चतुराई चौगुणी, परिश्रम छः गुणा, और काम-तृष्णा आठ गुणी होती है।

स्रोत- चा.नी.शास्त्र. 76:

आहारो द्विगुणः स्त्रीणां, बुद्धिस् तासां चतुर्गुणा।
षड्गुणो व्यवसायश्च, कामश्चाष्टगुणः स्मृतः।।

चा.नी.दर्पण 1.17, वृद्ध.चा. 1.18, चा.रा.नी.शा. 2.41, हितो.ज. 2.118 और 4.8 (चिह्नित- ग्रे 1886: 35, 72) हितो.का. 2.117 और 4.8, हितो.पे. 2.105 और 4.8, गरुड. 1.109.33, सी.नी. 78, नी.शा.वि. 42. देखें सु.र.भ. 162.409 और 348.6, सु.रत्नाकर 115.14, इस्. 1082 और 7204, चा.रा.संसो. 159, महा.सु.सं. 5714.

---

[1] महा.2, छ.सं सत्थानञ्चतितिक्खणं

[2] छ.सं चतुग्गुणो

[3] छ.सं छगुणो

201. **एकमेकाय इत्थिया[1], अट्ठट्ठपतिनो सियुं।**
सूरा च बलवन्तो च, सब्बकामरसाहरा[2]।
करेय्य नवमे छन्दं, ऊनत्ता[3] हि न पूरति॥

अनुवाद

यदि एक-एक स्त्री के शूर, बलवान् तथा सभी कामनायें पूरी करने वाले आठ-आठ पति हों तो भी वह नौवें की इच्छा करती है, (क्योंकि भोगों की) न्यूनता पूरी नहीं हुई रहती है।

स्रोत- जातक-536 कुणालजातक-गाथा सं. 344 (चिह्नित- बेज्हर्ट और ब्राउन 1981: 49, 128). देखें कौसल्यायन v.529.

202. **लपन्ति सद्धिमञ्ञेन, पस्सन्तञ्ञं सविब्भमा।**
चित्तकं चिन्तयन्तञ्ञं, नारीनं नाम को पियो॥

अनुवाद

किसी एक के साथ बातचीत करती है, अपने हाव-भाव के साथ किसी दूसरे को देखती है तथा किसी तीसरे के बारे में मन में सोचती रहती है। नारियों का प्रिय कौन है?

स्रोत- पंच.पुर्न. 1.105:

जल्पन्ति सार्धमन्येन, पश्यन्त्यन्यं सविभ्रमाः।
हृद्गतं चिन्तयन्त्यन्यं, प्रियः को नाम योषिताम्।

और पंच.कीलहौर्न 1.135, पंच.कोसेगर्टेन 1.151, सूक्ति.र.हा.

---

[1] छ.सं इत्थीया

[2] छ.सं सब्बाकामरसाहरा

[3] छ.सं उन्नत्ता

78.2, शार्ङ्ग.ध.प. 1497, सु.वल्लभ. 2771; तुलना चा.नी.दर्पण 16.2. देखें सु.र.भ. 348.5, सु.रत्नाकर 115.13, इस्. 2371 (चिह्नित- पवोलिनि 1907: 611), चा.रा.संसो. 387.

203. जिव्हा सहस्सिको यो हि, जीवे वस्ससतं नरो।
तेन निक्कम्मुना[1] वुत्तो, थीदोसो किं खयं गतो॥

अनुवाद

जो पुरुष सहस्र जिह्वावाला हो और सौ वर्ष जीए (और) वह यदि खूब परिश्रम से भी कहे तो क्या स्त्री के दोष का वर्णन समाप्त हो सकता है? (अर्थात् नहीं हो सकता)।

204. अग्गि आपो थियो मूळ्हो[2], सप्पो राजकुलानि च।
पयतनापगन्तब्बा[3], सज्जु[4] पाणहरानि ति॥

अनुवाद

अग्नि, पानी, स्त्री, मूर्ख, साँप और राजकुल के लोग- ये सारे तुरंत प्राण हरण करने वाले हैं, इसलिये इनसे यत्नपूर्वक दूर ही रहना चाहिए।

स्रोत- चा.नी.दर्पण 14.12:

अग्निरापः स्त्रियो मूर्खाः, सर्पा राजकुलानि च।
नित्यं यत्नेन सेव्यानि, सद्यः प्राणहराणि षट्।।

वृद्ध.चा. 5.19, चा.सा.संग्रह 3.94, गरुड. 1.114.13, सु.अर्णव

---

[1] महा.2, छ.सं निकम्मुनो

[2] छ.सं मुळ्हो

[3] महा.2, छ.सं पयतनापगन्तब्बो

[4] महा.2, छ.सं मच्चु

98, सी.नी. 69, नी.शा.वि. 27; देखें इस्. 64 (चिह्नित-पवोलिनि 1907: 611), चा.रा.संसो. 6, महा.सु.सं. 200.

205. **इत्थीनं दुज्जनानञ्च, विसासो नोपपज्जते।**
वीसस्स सिङ्गिनो रोग-नदीराजकुलस्स च॥

अनुवाद

स्त्रियों और दुर्जनों के प्रति विश्वास उत्पन्न नहीं होता। (उसी तरह) विष, सींगवाले जानवर, रोग, नदी और राजकुल पर (विश्वास करना ठीक नहीं है।)

स्रोत- पंच.पुर्न. 1.52:

नखिनाञ्च नदीनाञ्च, शृंगिणां शस्त्रधारिणाम्।
विश्वासो नोपगन्तव्यः, स्त्रीषु राजकुलेषु च॥

चा.नी.दर्पण 1.15, वृद्ध.चा. 1.16, चा.नी.शास्त्र. 25, चा.सा.संग्रह 3.48, चा.रा.नी.शा. 2.21, हितो.का. 1.19, सूक्ति.र.हा. 135.18 और 195.95, गरुड. 1.109.14. देखें सु.र.भ. 154.79, इस्. 3214, चा.रा.संसो. 527.

206. **सत्थं सुनिच्छितधियापि[1] हि[2] चिन्तनीयं[3],**
स्वाराधितोऽप्यवनिपो परिसङ्कनीयो।
हत्थङ्गतापि युवती परिरक्खनीया,

---

[1] महा.2, छ.सं सुनिच्छितमती पि

[2] महा.2, छ.सं वि

[3] महा.2, छ.सं विचिन्तनीयं

सत्थावनीपयुवतीसु कुतो वसित्तं[1]॥

अनुवाद

अच्छी तरह से पढ़े गये शास्त्र को भी फिर से पढ़ना चाहिये, अच्छी तरह से प्रसन्न किये गये राजा से भी सशंकित रहना चाहिये- (अर्थात् वैसे राजा पर भी शंका करनी चाहिये); हाथ में आयी युवती पर भी अच्छी तरह नजर रखनी चाहिये (अर्थात् ठीक से सुरक्षित रखना चाहिये)। शास्त्र, राजा और युवती पर अधिकार कहाँ?

स्रोत- चा.वे. 65:

शास्त्रं सुनिश्चितधियापि हि चिन्तनीयम्,
स्वाराधितोऽपि नृपतिः परिशङ्कनीयः।
अङ्के स्थितापि युवतिः परिरक्षणीया,
शास्त्रे नृपे च युवतौ च कुतो वशित्वम्।।

और सु.वल्लभ. 2926, सु.अर्णव 101. देखें सु.र.भ. 176.962, इस्. 6443 (चिह्नित- पवोलिनि 1907: 611), चा.रा.संसो. 1981.

207. अयुत्तकम्मारम्भणं[2] विरोधो,
सङ्घस्स युद्धञ्च महाबलेहि।
विस्सासकम्मं पमदासु[3] निच्चं,
द्वारानि मच्चुस्स वदन्ति पञ्ञा॥

अनुवाद

---

[1] छ.सं वसित्थं

[2] महा.1 अयुत्तकम्मारसनं; महा.2, छ.सं अयुत्तकम्मारद्धनं

[3] महा.2, छ.सं पमादासु

अनुपयुक्त कार्य को आरम्भ करना, सङ्घ का विरोध करना, और शक्तिशाली के साथ युद्ध करना, युवती स्त्रियों पर नित्य विश्वास करना– (ये सभी) मृत्यु के द्वार हैं– ऐसा ज्ञानी कहते हैं।

208. **वातञ्च[1] जालेन नरो परामसे[2],**
ओसिञ्चये[3] सागरं एकपाणिना।
सकेन तालेन जनेय्य घोसं,
यो सब्बभावं पमदासु उस्सजे[4]॥

अनुवाद

पुरुष जो सभी प्रकार से कुलटा युवती को छोड़ सके (वह)- जाल से हवा को पकड़ सकता है, एक हाथ से सागर को उलीच सकता है तथा एक हाथ से ताली बजा सकता है।

स्रोत- जातक-536 कुणालजातक, गाथा सं. 346 (चिह्नित- बेज्हर्ट और ब्राउन 1981: 49, 128). देखें कौसल्यायन v.529.

209. **इत्थी पि हि एकच्चिया, सेय्या वुत्ता व मुनिना।**
भण्डानमुत्तमं इत्थी, अग्गुपट्ठायिका ति च॥

अनुवाद

कुछ स्त्रियाँ भी श्रेष्ठतर होती हैं- ऐसा (बुद्ध) मुनि ने कहा है। धनों में उत्तम धन स्त्री है और वह उत्तम परिचारिका भी है।

---

[1] महा.2, छ.सं, वातं

[2] महा. 1 परामासे

[3] महा.2, छ.सं ओसिञ्चे

[4] महा.2, छ.सं ओसजे

स्रोत- पाद-1 सं.नि.-मल्लिकासुत्त- 1.103, पाद-3 सं.नि.-इस्सरियसुत्त- 1.51 (चिह्नित- बेज्हर्ट और ब्राउन 1981: 48-49, 128-129).

210. यो नं भरति सब्बदा, निच्चं आतापि उस्सुको।
सब्बकामहरं पोसं, भत्तारं नातिमञ्ञति॥

अनुवाद

जो उसका सदा भरण पोषण करता है, नित्य उत्साही (आतापी) है, (और उसे प्राप्त करने के लिये) उत्सुक है, जो पुरुष उसकी सभी इच्छाओं को पूरा करता है, उस पति की वह अवमानना (उपेक्षा) नहीं करती।

स्रोत- अ.नि.- पञ्चकनिपात- सुमनवग्ग- उग्गहसुत 2.33 (चिह्नित- बेज्हर्ट और ब्राउन 1981: 48, 129).

211. न[1] चापि सोत्थि भत्तारं, इस्साचारेन रोसये।
भत्तु च गरुनो सब्बे, पटिपूजेति पण्डिता[2]॥

अनुवाद

और न तो ऐसे भले पति को ईर्ष्या भरे व्यवहार द्वारा क्रुद्ध करना चाहिये तथा पति के सभी पूजनीयों का बुद्धिमती स्त्री को सदा सम्मान करना चाहिये।

स्रोत- स्रोत- अ.नि.- पञ्चकनिपात- सुमनवग्ग- उग्गहसुत 2.33

---

[1] छ.सं ना

[2] छ.सं पण्डितो

(चिह्नित- बेज्हर्ट और ब्राउन 1981: 48, 129).

212. **उट्ठायिका अनलसा[1], सङ्गहितपरिज्जना।**
भत्तु मनापं चरति, सम्भतमनुरक्खति[2] ॥

अनुवाद

(जो) उद्योगी या परिश्रमी है, आलसी नहीं है, परिजनों या सेवक, नौकर, दास, दासी आदि के साथ मधुर व्यवहार करती है; (जो) पति के साथ बहुत अच्छा प्रिय व्यवहार करती है और कमाए गए धन आदि की रक्षा करती है।

स्रोत- अ.नि.- पञ्चकनिपात- सुमनवग्ग- उग्गहसुत 2.33 (चिह्नित- बेज्हर्ट और ब्राउन 1981: 48, 129).

213. **एवं वत्तति या नारी, भत्तु छन्दवसानुगा।**
मनापा नाम ते देवा, यत्थ सा उपपज्जति॥

अनुवाद

इस तरह की जो नारी हो, जो पति की इच्छा के अनुसार वश में रहने वाली हो, (मृत्यु के बाद) जहाँ पर वे देव जो मनोनुकूल सुन्दर काय वाले होते हैं (वहाँ) उत्पन्न होती है।

स्रोत- अ.नि.- पञ्चकनिपात- सुमनवग्ग- उग्गहसुत 2.33, (चिह्नित- बेज्हर्ट और ब्राउन 1981: 48, 129).

---

[1] महा.2, छ.सं अनालासा

[2] महा.2, छ.सं भत्तकं अनुरक्खति

214. **कोकिलानं सरो रूपं, नारीरूपं पतिब्बतं।**
विज्जा रूपं अरूपानं, खमा रूपं तपस्सिनं[1]**॥**

अनुवाद

कोयलों का सौंदर्य उसका स्वर है, स्त्रियों का सौंदर्य उनका पतिव्रता होना है, कुरूपों का सौंदर्य उनकी विद्या है (और) तपस्वियों का सौंदर्य उनकी सहिष्णुता है।

स्रोत- व्यासकार 49: (चिह्नित- ग्रे 1886: 22)

कोकिलानां स्वरो रूपं, नारीरूपं पतिव्रतम्।
विद्यारूपमरूपाणां, क्षमारूपं तपस्विनाम्।।

व्यास.सु.सं. 53, चा.नी.शा. 44, ल.चा. 7.5 (पाद-3, विद्या रुपं कुरूपाणाम्), सु.अर्णव 162, हितो.ज. 1.212; चा.नी.दर्पण. 3.9, चा.सा.संग्रह. 1.12, सी.नी. 15; तुलना चा.रा.नी.शा. 7.27. देखें- सु.र.भ. 161.380, चा.रा.संसो. 303.

215. **आनेय कुलजं पञ्ञो, विरूपमपि कञ्ञकं।**
हीनाय पि सुरूपाय, विवाहं सदिसं करे॥

अनुवाद

अच्छे कुल की कन्या सुन्दर न भी हो तो प्रज्ञावान उसे लावे (अर्थात् उसके साथ विवाह करे)। सौंदर्य में हीन भी हो तो विवाह बराबरी में करना चाहिये।

स्रोत- चा.नी.दर्पण 1.14

वर वरयेत् कुलजां प्रज्ञो, विरूपामपि कन्यकाम्।

---

[1] छ.सं तपस्सीनं

रूपवतीं न नीचस्य, विवाहः सदृशे कुले।।

और चा.सा.संग्रह 2.61, वृद्ध चा. 1.15, चा.रा.नी.शा. 3.5; देखें गरुड 1.110.5, नी.शा.वि. 37, प्रश. 87. और भी देखें इस्. 5982, चा.रा.संसो. 914 (चिह्नित- बेज्हर्ट और ब्राउन 1981: 48, 129).

216. विसम्हामतमादेय्यं[1], अमेज्जम्हा[2] पि कञ्चनं।
नीचम्हा[3] प्युत्तमा विज्जा, रतनित्थी पि दुकुला॥

अनुवाद

यदि विष से अमृत मिले तो उसे लिया जा सकता है, (उसी प्रकार) कीचड़ से भी सोने को, नीच से उत्तम विद्या को, बुरे कुल से भी स्त्री-रत्न को।

स्रोत- चा.नी.दर्पण 1.1: (चिह्नित- पवोलिनि 1907: 611)

विषादप्यमृतं ग्राह्यम्, अमेध्यादपि काञ्चनम्।
नीचादप्युत्तमा विद्या, स्त्रीरत्नं दुष्कुलातपि।।

और वृद्ध चा. 1.17, चा.सा.संग्रह 2.62, चा.नी.शास्त्र 14, सूक्ति.र.हा. 197.118, गरुड 1.110.8; तुलना चा.रा.नी.शास्त्र 3.7, सु.अर्णव 302. देखें सु.र.भ. 155.96, इस्. 6227, 4440, चा.रा.संसो. 957.

217. बालित्थी[4] मक्खिकातुण्डं, इसीनञ्च कमण्डलु[1]।

---

[1] महा. 2, छ.सं विसम्हामतमादेय्य

[2] महा. 2, छ.सं अमज्जम्हा

[3] छ.सं निचम्हा

[4] महा. 1 बालित्थि

सेतम्बु फलं तम्बूलं[2], नोच्छिट्ठं[3] उपजायते॥

अनुवाद

जवान स्त्री, मक्खी का सूँड़, ऋषियों का कमण्डल, सेतम्बु फल, पान का पत्ता– छोड़ा हुआ फिर काम में नहीं आते हैं।

स्रोत- व्यास(सि) 93:

बालस्त्रीमक्षिकातुण्डं, ऋषिणाञ्च कमण्डलुः।
स्रोतोम्बुफलताम्बुलं, नोच्छिष्टमुपजायते।।

व्यास 88 (चिह्नित- बेज्हर्ट 1962: 7).

218. **बालक्को पण्णधूमो[4] च, वुड्ढित्थी पल्ललोदकं।**
आयुक्खयकरं निच्चं, रत्तो च दधिभोजनं॥

अनुवाद

प्रातःकालीन सूर्य (के समय शयन के कारण), पत्तों की आग का धुआँ (विषैला होने के कारण), बूढ़ी स्त्री (सहवास के कारण), छोटे तालाब का पानी (गंदा होने के कारण) और रात में दही का भोजन (कफ पैदा करने के कारण)- ये सदा आयु को क्षय करने वाले होते हैं।

स्रोत- व्यास(सि) 92 : (चिह्नित- बेज्हर्ट 1962: 7)

बालार्कः पर्णधूमश्च, वृद्धस्त्री पल्वलोदकम्।
आयुक्षयकरन्नित्यं, रात्रौ च दधिभोजनम्।।

व्यास 87, शार्ङ्.ध.प. 628, सी.नी. 54.

---

[1] महा. 2, छ.सं कमण्डलुं

[2] छ.सं तम्बुलं

[3] महा. 1 नुच्छिट्ठं

[4] महा. 1 पेतधूमो

219. **थियो सेवेय्य नच्चन्तं, सादुं भुञ्जेय्य नाहितं।**
पूजये मानये वुद्धे, गुरुं मायाय नो भजे॥

अनुवाद

स्त्रियों की संगति (अर्थात् उनका सेवन) अंत तक न करे, स्वादिष्ट भोजन को अहित के लिये न खाये (अर्थात् उसको इतना न खाये कि नुकसान हो); वृद्धों की पूजा करे, मान दे (और) छल के साथ गुरु की सेवा न करे।

220. **आचारो कुलमाख्याति, देसमाख्याति भासितं।**
सम्भवो[1] पेममाख्याति, देहमाख्याति भोजनं॥

अनुवाद

आचरण कुल को बताता है (अर्थात् कोई किस कुल का है यह उसके आचरण से जाना जाता है) और बोली देश बतलाती है, भाईचारा (आदर, श्रद्धा) प्रेम को बतालाता है और शरीर भोजन बतलाता है (अर्थात् शरीर देखकर पता लग जाता है कि व्यक्ति कैसा भोजन करता है)।

स्रोत- चा.रा.नी.शा. 8.77: (चिह्नित- बेज्हर्ट और ब्राउन 1981: 57, 129)

आचारः कुलमाख्याति, देशमाख्याति भाषितम्।
संभ्रमः स्नेहमाख्याति, वपुराख्याति भोजनम्।।

चा.नी.दर्पण 3.2, व्यास 74, व्यास (सि) 70, गरुड 1.115.74. देखें इस्. 870, चा.रा.संसो. 130.

---

[1] महा.1 सम्भवो

221. देहीति वचनाद्वारा[1], देहट्ठा पञ्च देवता।
सज्ज निय्यन्ति[2] धी कित्ति, हिरी सिरी मती पि च॥

अनुवाद
'देही' (दें) कहने से देहस्थ पांच देवताओं- बुद्धि, कीर्ति, ह्री (लज्जा, संकोच), श्री (सरस्वती, कीर्ति) और मति (बुद्धि, समझ)- चले जाने के लिए तैयार रहते हैं (अर्थात् 'मांगना' ठीक नहीं है)।
स्रोत- ब्रह्मपुराण 137.10
देहीति वचनद्वारा, देहस्थाः पञ्च देवताः।
सद्यो निर्यान्ति तं, त्यक्त्वा ह्रीश्रीधीधृतिकीर्तयः।।
व्यास 65 और व्यास (सि) 70. (चिह्नित- बेज्हर्ट और ब्राउन 1981: 57, 129). देखे सु.र.भ. 73.6.

222. देहीति[3] वचनं दुक्खं, नत्थीति वचनं तथा।
वाक्यं देहीति नत्थीति, मा भवेय्य भवे भवे॥

अनुवाद
'दें' यह वचन भी दुःख है, तथा 'नहीं है' यह भी दुःख है। परिस्थिति जो भी हो- 'दें' या 'नहीं है' इस प्रकार का वाक्य कभी कहना नहीं पड़े (अर्थात् 'मांगना' और 'नहीं है' कहना दोनों ठीक नहीं है)।
स्रोत- व्यास (सि)40:
देहीति वचनं कष्टं, नास्तीति वचनं तथा।

---

[1] महा.1 वाचाय°
[2] महा. 2 नियति, छ.सं नियन्ति
[3] महा.1 देहिति

देहि नास्तीति व वाक्यं, मा भूद् जन्मनि जन्मनि।।

व्यास 44, सूक्ति.र.हा. 195.96 और 238.25; तुलना महाभा. 5.113.9 और 12.192.41 (चिह्नित- बेज्हर्ट और ब्राउन 1981: 57, 129).

223. बोधयन्ति न याचन्ति, देहीति[1] पच्छिमा जना।
पस्स वत्थुं अदानस्स[2], मा भवतूति ईदिसो।।

अनुवाद

नीच लोग इस प्रकार नहीं याचना करते कि आप दें। वे बतलाते है कि देखो उनको जो दान नहीं देते- ऐसा तुम्हारे साथ न हो।

स्रोत- व्यास 32:

बोधयन्ति न याचन्ति, देहीति कृपणा जना।
अवस्थेयमदानस्य, मा भूदेवं भवानपि।।

व्यास (सि) 29 (चिह्नित बेज्हर्ट- 1964), सूक्ति.र.हा. 22.10, शार्ङ्ग.ध.प. 274, गरुड 1.109.25, चा.रा.नी.शा. 2.35, सु.अर्णव 289. देखें सु.र.भ. 71.9, इस्. 4489, चा.रा.संसो. 1302.

224. महा अत्यप्पकं याति, निगुणे गुणवा पिऽह।
आधाराधेय्य[3] भावेन, गजिन्दो[4] इव[5] दप्पणे[1]।।

---

[1] महा. 1 देहिति

[2] छ.सं वत्थुमदानस्स

[3] महा. 1 अठानेट्ठेय्य; महा.2, छ.सं अट्ठानट्ठेय्य

[4] महा. 1 गजछाया

[5] महा. 1 व

अनुवाद

गुणहीन में बड़ा महान कहने से भी लघुता को प्राप्त होता है, जैसे आधार (जिसमें वस्तु रक्खी जाय) और आधेय (वस्तु) भाव से दर्पण में हाथी का प्रतिबिंब छोटा दीखता है।

स्रोत- व्यास (सि.) 87:

महानप्यत्पतां याति, निर्गुणे गुणवानपि।
आधाराधेयसम्बन्धाद्, गजेन्द्र इव दर्पणे।।

हितो.का. 3.12, हितो.पे. 3.12. देखें सु.र.भ. 164.498, इस्. 4760 (चिह्नित- बेज्हर्ट 1964).

225. महतं[2] निस्सयं कत्वा, खुद्दो प्यतिमहा[3] भवे।
हेमपब्बतमापज्ज, सोवण्णा किर पक्खिनो।।

अनुवाद

बड़ों का सहारा पाकर, छोटा भी बड़ा हो जाता है। हेम पर्वत (सोने के पर्वत) पर चढ़कर पक्षी भी स्वर्णिम (सोने की तरह) हो जाते हैं।

स्रोत- व्यास (सि) 97: (चिह्नित- बेज्हर्ट 1964).

महतामाश्रयं प्राप्य, लघिष्ठोऽप्यभिवर्द्धते।
नेरूपर्वतमाश्रित्य, सौवर्ण्यं इव पक्षिणाम्।।

226. बहूनमप्पसारानं, एकिभावो हि दुज्जयो।

---

[1] महा. 1, छ.सं दब्बके

[2] महा.2, छ.सं महन्तं

[3] महा. 1 पिऽतिमहा

तिणेन वट्टते रज्जु, ताय नागो पि बज्झति[1]॥

अनुवाद

बहुत थोड़ी ताकत वाले भी एकता से जीते जाने वाले को जीत सकते है। जैसे घास को बटकर बनायी गयी रस्सी से हाथी को भी बाँधा जा सकता है।

स्रोत

सु.वल्लभ. 2742: (चिह्नित- पवोलिनि 1907: 611)

बहूनामल्पसाराणां, समवायो हि दुर्जयः।
तृणैरावेष्ट्यते रज्जुस्तया, नागोऽपि बध्यते।।

सूक्ति.र.हा. 193.72; पंच.पुर्न. 1.334, पंच.कीलहौर्न 1.331, पंच.कोसेगर्टेन 1.376, शार्ङ्ग.ध.प. 1326, सु.अर्णव 272. देखें सु.र.भ. 83.3, चा.रा.संसो. 1733 (पाद-4, तया हस्तयपि बध्यते।).

227. **असहायो समत्थो पि, तेजसी[2] किं करिस्सति।**
निवातसण्ठितो अग्गि, सयमेवूपसम्मति॥

अनुवाद

बिना सहायता के समर्थवान् भी अपने तेज से क्या कर सकेगा? (वह वैसे ही शांत हो जाएगा) जैसे बिना हवा की आग अपने आप बुझ जाती है।

स्रोत

पंच.कोसेगर्टेन 3.54: (चिह्नित- पवोलिनि 1907: 611)

---

[1] महा. 1, छ.सं बन्धते

[2] छ.सं तेजसि

असहायः समर्थोऽपि, तेजस्वी किं करिष्यति।
निर्वाते ज्वलितो वह्निः, स्वयमेव प्रशाम्यति।।

पंच.कीलहौर्न 3.56; तुलना पंच.पुर्न. 3.48 (स्वयमेवोपशाम्यति), सु.वल्लभ. 2656, सूक्ति.र.हा. 109.16, महाभा. 5.175, प्रश. 56. देखें सु.र.भ. 83.1, सु.रत्नाकर 101.1, चा.रा.संसो. 1205.316.

228. **खन्तुं तपनजो तेजो, सक्का होति न वण्णजो।**
भूपादीहि कतो दण्डो, सक्का होति न भच्चजो[1]॥

अनुवाद

सूर्य के तेज को सहन किया जा सकता है परंतु सगोत्रिय (के ऐश्वर्य आदि के प्रताप) को नहीं। राजाओं द्वारा दिया दंड सहन किया जा सकता है लेकिन अपने मातहत का नहीं।

229. **थीसंसग्गे कुतो सुद्धो, मंसभक्खे**[2] **कुतो दया।**
सुरापाने[3] **कुतो सच्चं, पकोधम्हि**[4] **कुतो तपो॥**

अनुवाद

स्त्री के साथ घुलने-मिलने वाले में शुद्धि कहाँ? माँस खाने वाले में दया कहाँ? शराब पीने वाले में सत्य कहाँ? क्रोधी के पास तप कहाँ?

230. **थीया गुय्हं न संसेय्य, अमित्तस्स च पण्डितो।**

---

[1] महा. 1 भच्चते

[2] महा. 1 मंसभग्गे

[3] छ.सं सुरापाणे

[4] महा. 1 पकोपम्हि

योचामिसेन[1] संहीरो, हदयत्थे नो च[2] यो नरो॥

अनुवाद

ज्ञानी लोग स्त्री पर गुप्त बात प्रकट न करे, अमित्र पर प्रकट न करे, और जो आमिष का लोभी हो और जो हृदय से विश्वसनीय न हो (उस पर प्रकट न करे)।

स्रोत- जातक- 508 पञ्चपण्डितजातक-गाथा सं. 333; 518 पण्डर-नागराजजातक- गाथा सं. 273. (चिह्नित- बेज्हर्ट और ब्राउन 1981: 130). देखें कौसल्यायन v.169.

231. **गुय्हमत्थमसम्बुद्धं[3], सम्बोधयति योनरो।**
मन्तभेदभया तस्स, दासभूतो तितिक्खति॥

अनुवाद

जो मनुष्य मूर्ख को रहस्य की बात बता देता है, रहस्य बात के प्रकट हो जाने के डर से उसे मूर्ख आदमी का गुलाम बन कर सब कुछ सहन करना पड़ता है।

स्रोत- जातक- 508 पञ्चपण्डितजातक-गाथा सं. 334, 518 पण्डरनागराजजाकर- गाथा सं. 273. (चिह्नित- बेज्हर्ट और ब्राउन 1981: 52, 130). देखें कौसल्यायन v.169.

232. **वहे अमित्तं[4] खन्धेन, याव काले अनागते।**

---

[1] महा. 2, छ.सं. चामिस्सेन

[2] महा. 2, छ.सं. निरस्त

[3] महा. 2 गुय्हमत्थमसम्बुधं, छ.सं. गुय्हमत्थ

[4] छ.सं. अमित्त

तं[1] हेव चागते काले, भिन्दे घटमिवोपले[2]॥

अनुवाद

जब तक (प्रतिशोध का) उचित समय नहीं आता तब तक शत्रु को कंधे पर ढोना चाहिए। उचित समय आने पर उसके उसी प्रकार टुकड़े-टुकड़े कर देने चाहिए जैसे घड़े को पत्थर पर पटककर फोड़ दिया जाता है।

स्रोत

चा.सा.संग्रह. 2.10: (चिह्नित- ग्रे 1886: 82)

वहेदमित्रं स्कन्धेन, यावत्कालं विवर्जयेत्।
तथैवमागते काले, भिन्द्याद्धटं इवाश्मनि।।

महाभा. 12.138.18, चा.रा.नी.शा. 5.28, सु.वल्लभ. 2754, सूक्ति.र.हा. 175.42, नी.शा.वि. 83; तुलना हितो.का. 4.66, हितो.पे. 4.65, पंच.एड्गर्टेन 3.93, पंच.हर्टेल 3.107, पंच.कोसेगर्टेन 3.247 और 3.252. देखें सु.र.भ. 155.89, सु.रत्नाकर 224.31, चा.रा.संसो. 921.

233. **खलं सालं पसुं खेत्तं, गन्ता[3] चस्स अभिक्खणं।**
मितं धञ्ञं निधापेय्य, मितञ्च पाचये घरे॥

अनुवाद

खलिहान, घर, पशु तथा खेत को जाकर बार-बार (देखें)। नापकर भण्डार में धान्य रखे और नापकर घर में पकाये।

---

[1] छ.सं. तम्

[2] महा. 2, छ.सं. घटमिवुप्पले

[3] महा. 2, छ.सं. गन्त्वा

स्रोत- जातक- 545 विधुरजातक-गाथा सं. 1509. (चिह्नित- बेज्हर्ट और ब्राउन 1981: 50, 130). देखें कौसल्यायन vi.306, पाद 1- *बलं सालं पसुं खेत्तं* .

234. **कोधं लोभं मदं मानं, तन्दिं इस्सं[1] पमत्ततं[2]।**
सोण्डं[3] निद्धालुतं[4] मक्खं, मच्छेरञ्च जहे बुधो॥

अनुवाद

ज्ञानी को क्रोध, लोभ, मद (गर्व), मान (अहंकार), तंद्रा (थकान), ईर्ष्या, प्रमाद (आलस), शराब पीने की लत, सोने की लत, दूसरे के गुण को कम करके देखने की प्रवृत्ति तथा कंजूसी को छोड़ना चाहिये।

235. **कोधो अब्भन्तरे जातो, धूवं नासेति कोधनं।**
वत्थालङ्कारपुण्णायं, मञ्जूसायं सिखी यथा॥

अनुवाद

अंदर में जागा क्रोध निश्चय ही क्रोध करने वाले का वैसे ही नाश कर देता है जैसे मंजूषा में रखे वस्त्र तथा अलंकार का नाश आग कर देती है।

236. **उप्पज्जते सचे कोधो, आवज्जे ककचूपमं।**
उप्पज्जे चे रसे तण्हा, पुत्तमंसूपमं सरे॥

---

[1] छ.सं. मिस्सं

[2] महा. 2, छ.सं. पमत्तकं

[3] महा. 2, छ.सं. सोण्ठं

[4] महा. 2, छ.सं. निद्धालुकं

अनुवाद

यदि क्रोध उपजे तो आरे की उपमा पर विचार करना चाहिये और तृष्णा उपजे तो पुत्र-मांस-उपमा का स्मरण करे।

स्रोत- थेरगाथा-12 ब्रह्मादत्तत्थेरगाथा- गाथा सं. 445 (चिह्नित-बेज्हर्ट और ब्राउन 1981: 54, 130).

नोट- ककचूपमं (आरे की उपमा) के लिए देखें म.नि. (1.173) ककचूपमसुत्त तथा पुत्तमंसूपमं (पुत्र-मांस-उपमा) के लिए देखें स.नि. (1.86) पुत्तमंसूपमसुत्त।

237. **गुणमद्दिसमं[1] मक्खे, परेन कलहे सति।**
अद्दिसमं[2] पकासेति, अणुमत्तं व वज्जकं॥

अनुवाद

कलह रहने के कारण दूसरे के पहाड़ के समान गुण (बड़े गुण) को भी लीपा-पोता जाता है और उसका दोष यदि छोटा भी है तो उसको पहाड़ की तरह बढ़ा-चढ़ाकर प्रकाशित किया जाता है।

238. **तस्सेव तेन पापीयो[3], यो कुद्धं पटिकुज्झति।**
कुद्धमपटिकुज्झन्तो[4], सङ्गामं जेति दुज्जयं॥

अनुवाद

वह और अधिक पापी है जो क्रुद्ध व्यक्ति पर अधिक क्रोध करता है।

[1] छ.सं. गुणमद्धिसमं

[2] छ.सं. अद्धिसमं

[3] सं.नि., थेरगाथा पापियो

[4] सं.नि., थेरगाथा कुद्धं अप्पटिकुज्झन्तो

अगर वह क्रोधी व्यक्ति पर क्रोध न करे तो दुर्जय संग्राम भी जीत लेता। स्रोत-सं.नि.-सगाथावग्ग-7 ब्राह्मणसंयुत्त-2 अक्कोससुत्त- 1.88, थेरगाथा-12 ब्रह्मादत्तत्थेरगाथा- गाथा सं. 442 (चिह्नित- बेज़्हर्ट और ब्राउन 1981: 130).

239. रागो नाम मनोसल्लं, गुणत्थवरतक्करो।
राहुविज्जाससङ्कस्स, तपोवनहुतासनो[1]॥

अनुवाद

राग मन का काँटा है, श्रेष्ठ गुण रूपी धन को ले जानेवाला चोर है, विद्या-रूपी चन्द्रमा का राहु है और तप रूपी वन को जलाने वाला दावानल है।

स्रोत- व्यास 56

रागो नाम मनःशल्यं, गुणद्रविणतस्करः।
राहुर्विद्याशशाङ्कस्य, तपोवनहुताशनः।।

सूक्ति.र.हा. 259.1, व्यास (सि) 50 (चिह्नित- बेज़्हर्ट और ब्राउन 1981: 65-66, 130).

240. पमादो जायते मदा, पमादा जायते खयो।
खया पदोसा जायन्ति, मदं किं न जहे बुधो॥

अनुवाद

अहंकार से प्रमाद (लापरवाही) उत्पन्न होता है और प्रमाद से नाश (क्षय) होता है, नाश से अनेक दोष उत्पन्न होते हैं। ज्ञानी क्यों नहीं

---

[1] महा. 2, छ.सं. तपोधनहुतासनो

अहंकार का त्याग करे?
स्रोत- जातक- 520 गन्धतिन्दुकजातक- गाथा सं. 333. (चिह्नित- बेज्हर्ट और ब्राउन 1981: 69, 130). देखें कौसल्यायन v.188, गण्डतिन्दु जातक, पाद-1 *मदा पमादो जायेथ*, पाद-4 *मा पमादो भरतूसभ*.

241. नमन्ति फलिनो रुक्खा, नमन्ति विबुधा जना।
सुक्खकट्ठञ्च मूळ्हो[1] च, भिज्जन्ते[2] न नमन्ति च[3]॥

अनुवाद
फलदार वृक्ष झुक जाते हैं (और जो) ज्ञानी है वे भी झुक जाते हैं (अर्थात् नम्र/विनीत हो जाते हैं)। सूखा काष्ठ और मूर्ख टूट जाय तो जाय, पर झुकते नहीं।
स्रोत- व्यास (सि) 22: (चिह्नित- पवोलिनि 1907: 611)
नमन्ति फलिनो वृक्षा, नमन्ति विबुधा जनाः।
शुष्ककाष्ठानि मूर्खाश्च, भिद्यन्ते न नमन्ति च॥
व्यास 23, सूक्ति.र.हा. 29.11; तुलना चा.सा.संग्रह 1.49, चा.रा.नी.शा. 7.47, गरुड 1.114.51, सु.अर्णव 112 और 118. देखे इस्. 3365, चा.रा.संसो. 554.

242. ठाने वुद्धानं[4] ओकासं[1], ददे वुद्धापचयिको[2]।

---

[1] मुळ्हो
[2] महा. 2, छ.सं. भिज्जतेव
[3] छ.सं. निरस्त
[4] महा. 1 वुड्ढानं, छ.सं. वुद्धान

ननु तालो अजीवो पि, समीपञ्ञे परोनतो॥

अनुवाद

वृद्धों की सेवा करने वाला व्यक्ति वृद्धों को उचित मान-सम्मान प्रदान करे। क्या निर्जीव तालवृक्ष भी दूसरे (वृक्ष) के समीप आकर झुक जाता है? (अर्थात् वृद्ध कितना भी असहाय हो वह किसी के सामने झुकते नहीं इसलिए उनकी सेवा करनी चाहिए।)।

नोट- छंद विधान की दृष्टि से 'वुद्धानमोकासं' पाठ अधिक उपयुक्त प्रतीत होता।

243. **गरुकातब्बपोसेसु, नीचवुत्तिं[3] करोति यो।**
नीचत्तं[4] सो पहन्तवान[5], उत्तमत्थे[6] पतिट्ठति॥

अनुवाद

वह आदर के योग्य व्यक्तियों में जो नीचतापूर्वक कार्य करता है, वह अपनी नीचता को छोड़कर श्रेष्ठ अर्थ में प्रतिष्ठित होता है।

244. **यत्थ पोसं न जानन्ति, जातिया विनयेन वा।**
न तत्थ मानं करियाथ[7], वसमञ्ञातके[8] जने॥

---

[1] छ.सं. मोकासं
[2] छ.सं. वुद्धापचायिको
[3] महा. 2, छ.सं. निच्चवुत्तिं
[4] महा. 1 निचतं; महा. 2, छ.सं. निचत्तं
[5] महा. 1, महा. 2, छ.सं. पहन्तान
[6] महा. 2, छ.सं. उत्तमत्ते
[7] महा. 2, छ.सं. करिया
[8] महा. 1 वसन्तञातके

अनुवाद
अपरिचित जनों के बीच रहते हुए, जहाँ कोई उसकी जाति तथा शील से परिचित न हो, वहाँ पर मान नहीं करे।
स्रोत- जातक- 304 दद्दरजातक. (चिह्नित- बेज्हर्ट और ब्राउन 1981: 54, 130). देखें कौसल्यायन iii.187.

245. **अञ्ञातवासं वसतो[1], जातवेदसमेन[2] पि।**
खमितब्बं सपञ्ञेन, अपि दासस्स तज्जितं॥

अनुवाद
अग्नि के समान (प्रचण्ड) होने पर भी बुद्धिमान् आदमी को चाहिए कि वह अनजान जगह पर रहते हुए दास की घुड़की तक को भी क्षमा कर दे।
स्रोत- जातक- 304- दद्दरजातक. (चिह्नित- बेज्हर्ट और ब्राउन 1981: 52, 131). देखें कौसल्यायन iii.187. पाद 1 *विदेसवासं वसतो.*
नोट- जातक में आयी यह गाथा शास्ता ने जेतवन में विहार करते समय एक क्रोधी के संदर्भ में कही।

246. **धनधञ्ञपयोगेसु[3], तथा विज्जागमेसु च।**
दूते च ब्यवहारे च, चत्तलज्जो सदा भवे॥

---

[1] महा. 2, छ.सं. वसता
[2] छ.सं. जातवेदसमेना
[3] छ.सं. धनधञ्ञापयोगेसु

अनुवाद

धन-धान्य (अर्थात् अन्न) के प्रयोग (क्रय-विक्रय) में और विद्या ग्रहण करने में, दूत का काम करने में और व्यवहार में सदा ही संकोच का त्याग करे।

स्रोत- चा.नी.शास्त्र. 33:

धनधान्यप्रयोगेषु, तथा विद्याऽऽगमेषु च।
आहारे व्यवहारे च, त्यक्तलज्जः सदा भवेत्।।

(चिह्नित- स्टर्नबाख़ 1963a) चा.सप्त. 28, चा.नी.दर्पण. 7.2, वृ.चा. 5.12, चा.रा.नी.शा. 3.21 (पाद- 3, आहार-व्यवहारेषु), चा.सा.संग्रह. 1.9, नी.शा.वि. 46; तुलना गरुड. 1.110.25. देखें सु.र.भ. 159.275, इस्. 3042, चा.रा.संसो. 501.

247. न हि कोचि कते किच्चे, कत्तारं समपेक्खते[1]।
तस्मा सब्बानि कम्मानि, सावसेसानि कारये।।

अनुवाद

कार्य पूरा हो जाने पर करने वाले को कोई नहीं पूछता है, इसलिए सभी कार्यों को कुछ बाकी रखकर करें।

स्रोत- सु.वल्लभ. 2761: (चिह्नित- बेज्हर्ट और ब्राउन 1981: 52)

न हि कश्चित्कृते कार्ये, कर्तारं समवेक्षते।
तस्मात्सर्वाणि कार्याणि, सावशेषाणि कारयेत्।।

चा.सप्त. 59 और सी.नी. 99, नी.शा.वि. 81. देखें चा.रा.संसो. 1624.

---

[1] छ.सं. सम्मपेक्खते

248. इणसेसो अग्गिसेसो, सत्तुसेसो तयो इमे।
पुनप्पुनं पवड्ढन्ति[1], तस्मा सेसं न कारये॥

अनुवाद

शेष ऋण, शेष अग्नि, शेष शत्रु ये तीन बार-बार बढ़ते हैं, इसलिए उन्हें शेष रहने देना नहीं चाहिए (अर्थात् तुरंत समाप्त कर देना चाहिए)।

स्रोत- शार्ङ्ग.ध.प. 1491: (चिह्नित- पवोलिनि 1907: 611)

ऋणशेषश्चाग्निशेषः, शत्रुशेषस्तथैव च।
पुनः पुनः प्रवर्तन्ते, तस्माच्छेषं न कारयेत्।।

चा.सप्त. 67, चा.रा.नी.शा. 8.45, चा.सा.संग्रह. 3.58, चा.नी.शा. 38, पंच.हर्टेल 3.114, पंच.कीलहौर्न 3.178, सु.वल्लभ. 2760, गरुड. 1.115.46, महाभा. 12.138.58, सी.नी. 67, नी.शा.वि. 86; तुलना पंच.पुर्न. 3.219, सूक्ति.र.हा. 176.57, पंच.एड्गर्टेन 3.99, सु.र.भ. 154.57, चा.रा.संसो. 194.

249. नत्थि विज्जासमं मित्तं[2], नत्थि ब्याधिसमो रिपु।
नत्थि अत्तसमं पेमं, नत्थि कम्मपरं बलं॥

अनुवाद

विद्या के समान दूसरा कोई मित्र नहीं होता और न व्याधि के समान दूसरा कोई शत्रु। अपने से ज्यादा दूसरा कोई प्रिय नहीं होता और न कर्म के समान दूसरा कोई बल।

स्रोत- व्यास.सु.सं. 21: (चिह्नित- पवोलिनि 1907: 611)

---

[1] महा. 2, छ.सं. पि वड्ढन्ति

[2] छ.सं. वित्तं

नास्ति विद्यासमं मित्रं, नास्ति व्याधिसमो रिपुः।
न चापत्यसमः स्नेहो, न च दैवात् परं बलम्।।

व्यास. 20 और सूक्ति.र.हा. 236.1, चा.सा.संग्रह. 1.13, चा.नी.शा. 73; तुलना पंच.पुर्न. 1.161 (नास्त्य आरोग्यसमं मित्रं नास्ति व्याधिसमो रिपु। न चापत्यसमः स्नेहो न च दुःखं क्षुधासमम्।।). देखें, सु.र.भ. 162.406, चा.रा.संसो. 531, 1638.

नोट–

संस्कृत सुभाषित में प्रयुक्त ब्राह्मण संकल्पना 'दैव' को हटाते हुये पालि सुभाषित में बौद्ध संकल्पना 'कर्म' का समावेश तथा 'अपत्य-स्नेह' के स्थान पर 'आत्म-स्नेह' आशय को और गहरा करता है। यह परिवर्तन इस बात का संकेत है कि रूपांतरणकार ने अन्धानुकरण नहीं किया है।

250. अत्तना कुरुते लक्खिं[1], अलक्खिं[2] चापि अत्तना।
न हि लक्खिं[3] अलक्खिञ्च[4], अञ्ञो अञ्ञस्स कारको[5]॥

अनुवाद

सौभाग्य अपने से बनता है और दुर्भाग्य भी अपने से ही। कोई व्यक्ति किसी अन्य व्यक्ति का सौभाग्य और दुर्भाग्य नहीं बनाता।

स्रोत– जातक 382 सिरिकाळकण्णिजातक. (चिह्नित– बेज्हर्ट और ब्राउन 1981: 40, 131). देखें कौसल्यायन iii.418.

---

[1] महा. 2, छ.सं. लक्खी
[2] महा. 2, छ.सं. अलक्खी
[3] महा. 2, छ.सं. लक्खी
[4] महा. 2, छ.सं. अलक्खीच
[5] महा. 2, छ.सं. कुरुते (छंद भंग)

नोट- यह गाथा शास्ता ने जेतवन में विहार करते हुए अनाथ पिण्डिक के संदर्भ में कही थी।

251. **सयं आयं वयं जञ्ञा[1], सयं जञ्ञा कताकतं।**
अत्तनो[2] व अवेक्खेय्य[3], कतानि अकतानि च॥

अनुवाद

स्वयं अपनी आमदनी और खर्च जानना चाहिए, किये और न किये (कार्यों) को स्वयं जानना चाहिए। सिर्फ अपने द्वारा ही किये-न-किये (कार्यों) के बारे में सोचना-विचारना चाहिए।

स्रोत-पाद 1-2 जातक 521 तेसकुणजातक; पाद 3-4 ध.प- 4 पुप्फवग्ग- 50. (चिह्नित- बेज्हर्ट और ब्राउन 1981: 51, 131).

252. **उपकारं हि तेनेव, सत्तुना सत्तुमुद्धरे।**
पादलग्गं करट्ठेन, कण्टकेनेव[4] कण्टकं॥

अनुवाद

उपकार से रहित शत्रु को शत्रु द्वारा नष्ट करे। (जिस प्रकार) पैर में लगे हुए काँटे को (हाथ में) काँटा लेकर निकाला जाता है।

स्रोत- चा.नी.शास्त्र. 20:

उपकारगृहीतेन, शत्रुणा शत्रुमुद्धरेत्।
पादलग्नं करस्थेन, कण्टकेनेव कण्टकम्॥

---

[1] महा. 2, छ.सं. रञ्ञा

[2] महा. 2, छ.सं. अत्तना

[3] महा. 2, छ.सं. भवक्खेय्य

[4] महा. 2, छ.सं. कण्टकेन (छंद भंग)

और चा.रा.नी.शा. 3.16, चा.सा.संग्रह 2.9, शार्ङ्ग.ध.प. 1303; तुलना पंच.पुर्न. 4.16, पंच.कीलहौर्न 4.18, पंच.कोसेगर्टेन 4.19, गरुड. 1.110.21, सी.नी. 58, नी.शा.वि. 45. देखें सु.र.भ. 149.314, इस्. 1279 (6374), चा.रा.संसो. 182. (चिह्नित- बेज्हर्ट और ब्राउन 1981: 52, 131).

253. **नमे नमन्तस्स भजे भजन्तं,**
किच्चानिकुब्बस्स[1] करेय्य किच्चं।
नानत्थकामस्स करेय्य अत्थं,
असम्भजन्तं पि न सम्भजेय्य॥

अनुवाद

झुकनेवाले के सामने झुके, संगति करने वाले के साथ संगति करे। जो अपने काम आता हो उसका काम करे। अनर्थ चाहने वाले का अर्थ न करे। जो संगति करना न चाहता हो, उससे संगति न करे।

स्रोत- जातक 223. पुटभत्तजातक; 333. पक्कगोधजातक. (चिह्नित- बेज्हर्ट और ब्राउन 1981: 52, 131). देखें कौसल्यायन ii.421.

254. **चजे चजन्तं वनथं[2] न[3] कयिरा[4],**
अपेतचित्तेन न सम्भजेय्य।
दिजो दुमं खीणफलन्ति[1] अत्वा,

---

[1] महा. 2, छ.सं. किच्चानि क्रुपस्स

[2] छ.सं. नवतं

[3] छ.सं. -

[4] छ.सं. करिया

अञ्ञं समेक्खेय्य[2] महा हि[3] लोको॥

अनुवाद

छोड़ने वाले को छोड़ दे, ऐसों से स्नेह न करे। जिसका दिल विमुख हो गया हो, उससे संगति न करे। जिस तरह पक्षी वृक्ष को फलरहित जानकर दूसरे (वृक्ष) को ढूँढ़ते हैं; उसी तरह दूसरे को ढूँढ़े। संसार बड़ा है (कोई-न-कोई मिल जाएगा)।

स्रोत- जातक- 223 पुटभत्तजातक; 333 पक्कगोधजातक. (चिह्नित-बेज्हर्ट और ब्राउन 1981: 52, 131). देखें कौसल्यायन ii.421-2.

नोट-

जातक अट्ठ. 223 के अनुसार उपरोक्त दो गाथाओं को बुद्ध ने श्रावस्ती के एक गृहस्थ के संबंध में कहा था। पति मोह वश पत्नी को कुछ नहीं देता था। इसी संदर्भ में यहाँ कहा गया है कि संसार में अप्रिय का साथ दुःखदायी होता है चाहे वह पति-पत्नी का साथ ही क्यों न हो।

---

[1] महा. 2, छ.सं. खीणफलम

[2] छ.सं. सपेक्खेय्य

[3] छ.सं. ति

महारहनीति–अन्विति

महार.	धनी.	लोनी.	पालि स्रोत	संस्कृत स्रोत	अन्य
1	x	x	सद्दनीति–II.559	x	x
2	x	x	सद्दनीति–I.58	x	x
3	x	x	सद्दनीति–I.58	x	x
4	x	2	x	x	अचिन्हित
5	x	x	x	x	अचिन्हित
6	x	x	x	x	अचिन्हित
7	66	x	x	x	अचिन्हित
8	67	x	x	चा.सा.संग्रह 3.40	x
9	68	48	x	चा.रा.नी. शा. 8.72	x
10	70	x	x	x	अचिन्हित
11	71	x	x	x	अचिन्हित
12	x	x	x	व्यास 68	x
13	12	147	x	x	अचिन्हित
14	13	146	x	x	अचिन्हित

15	210	x	x	x	अचिन्हित
16	35	77	x	x	अचिन्हित
17	362	x	x	व्यास.सु.सं. 92	x
18	34	x	x	सूक्ति.र.हा. 26.1	x
19	373	x	x	चा.नी.दर्पण 3.13	x
20	x	x	सुबो. 330	x	x
21	x	x	x	व्यास 12	x
22	336	x	x	x	अचिन्हित
23	x	x	x	x	अचिन्हित
24	36	x	x	x	अचिन्हित
25	37	x	x	हितो.का. 1.49	x
26	x	x	x	हितो.का. 1.48	x
27	335	x	x	हितो.का. 1.43	x
28	339	x	x	महाभा. 13.6.27	x
29	340	x	x	x	अचिन्हित
30	141	x	x	हितो.का. 1.60	x
31	142	64	x	सूक्ति.र.हा. 36.32	x
32	x	x	x	व्यास (सि) 3	x

33	x	x	x	x	अचिन्हित
34	38	x	x	महाभा. 5.33.39	x
35	39	x	x	हितो.का. 1.167	x
36	40	x	x	x	अचिन्हित
37	41	x	x	चा.सा.संग्रह 2.64	x
38	42	x	x	हितो.का. 1.26	x
39	43	x	x	x	अचिन्हित
40	58	x	x	x	अचिन्हित
41	143	x	x	चा.सा.संग्रह 1.45	x
42	10	8	x	x	अचिन्हित
43	23	x	जा. 373	x	x
44	x	x	x	x	अचिन्हित
45	59	x	x	x	अचिन्हित
46	60	x	x	x	अचिन्हित
47	130	x	x	x	अचिन्हित
48	44	x	x	x	अचिन्हित
49	369	24	x	चा.रा.संसो. 1108	x
50	144	x	x	x	अचिन्हित
51	45	x	x	x	अचिन्हित
52	x	x	x	x	अचिन्हित
53	46	12	x	x	अचिन्हित
54	47	x	x	x	अचिन्हित

55	48	x	x	x	अचिन्हित
56	54	x	x	x	अचिन्हित
57	55	28	x	चा.नी.दर्पण 7.1	x
58	56	x	x	चा.नी.शास्त्र. 3	x
59	x	x	x	व्यास (सि) 35	x
60	49	x	थेरगा.500	x	x
61	50	x	थेरगा.501	x	x
62	145	x	थेरगा. 264	x	x
63	28	21	थेरगा. 141	x	x
64	x	x	सु.नि.259	x	x
65	230	x	दी.नि. 3.140	x	x
66	199	x	दी.नि. 3.140	x	x
67	183	x	x	x	अचिन्हित
68	84	157	x	हितो.पे. 1.131	x
69	82	114/ 158	x	चा.रा.नी.शा. 2.26	x
70	81	113	x	चा.नी.दर्पण 1.9	x
71	381	x	x	चा.रा.नी.शा. 8.11	x
72	83	x	जा. 379	x	x
73	85	x	जा. 379	x	

74	x	58	x	x	अचिन्हित
75	216	90	x	नी.शा.वि. 21	x
76	208	156	x	चा.नी.दर्पण 3.10	x
77	86	159	x	वृद्ध.चा. 1.8	x
78	87	x	x	हितो.का. 1.170	x
79	209	x	जा. 537	x	x
80	265	x	x	शतक.सु.सं. 54	x
81	341	x	x	व्यास 58	x
82	346	x	x	हितो.का. 1.3	x
83	251	x	x	व्यास 95	x
84	24	x	x	x	अचिन्हित
85	25	x	x	पंच.पुर्न. 1.367	x
86	x	x	x	व्यास 13	x
87	345	63	x	x	अचिन्हित
88	347	x	x	x	अचिन्हित
89	285	x	x	x	अचिन्हित
90	154	x	x	x	अचिन्हित
91	357	x	x	x	अचिन्हित
92	348	x	x	x	अचिन्हित
93	331	143	x	व्यास 75	x
94	239	x	x	x	अचिन्हित

95	386	x	x	x	अचिन्हित
96	387	x	x	x	अचिन्हित
97	224	x	x	x	अचिन्हित
98	x	x	x	x	अचिन्हित
99	7	x	x	x	अचिन्हित
100	x	x	x	x	अचिन्हित
101	179	x	x	x	अचिन्हित
102	x	x	x	x	अचिन्हित
103	51/ 175	x	इतिवु. 58/ सद्दनीति-II.548/	x	x
104	173	x	अ.नि. 2.39	x	x
105	174	x	अ.नि.2.39/ कथावत्थु 290	x	x
106	180	x	अभि.प. 515	x	x
107	181	x	x	x	अचिन्हित
108	52	x	x	x	अचिन्हित
109	245	27	x	x	अचिन्हित
110	9	x	x	x	अचिन्हित
111	349	x	x	x	अचिन्हित
112	57	x	x	पंच.हर्टेल 1.153	x
113	112	x	x	x	अचिन्हित
114	x	x	x	x	अचिन्हित
115	113	x	x	x	अचिन्हित
116	114	x	x	x	अचिन्हित

117	231	x	x	x	अचिन्हित
118	26	22	x	चा.नी.दर्पण 17.17	x
119	120	127	x	चा.नी.दर्पण. 1.4	x
120	324	x	x	चा.नी.दर्पण. 1.4	x
121	115	x	x	व्यास 46	x
122	62	15	x	x	अचिन्हित
123	63	x	x	x	अचिन्हित
124	118	x	सु.नि. 43/ मि.प. 386	x	x
125	119	x	x	पंच.किलहौर्न 4.55	x
126	121	x	x	x	अचिन्हित
127	122	x	x	महाभा. 1.69.14	x
128	x	x	x	x	अचिन्हित
129	123	x	x	सु.वल्लभ. 384	
130	124	x	x	x	अचिन्हित
131	125	x	दी.नि.अट्ठ. 1.138	x	x
132	126	x	x	व्यास(सि)2 1	x
133	127	x	x	सूक्ति.र.हा. 41.24	x
134	128	x	x	x	अचिन्हित

135	92	x	जा. 448	x	
136	x	x	x	x	अचिन्हित
137	x	x	x	x	अचिन्हित
138	79	x	x	x	अचिन्हित
139	78	x	x	पंच.पुर्न. 2.106	x
140	77	x	x	x	अचिन्हित
141	328	x	x	x	अचिन्हित
142	97	x	x	बुद्ध.च. 4.64	x
143	98	92	x	वृद्ध.चा. 1.13	x
144	188	83	x	चा.सप्त. 6	x
145	99	x	x	x	अचिन्हित
146	96	x	x	x	x
147	100	x	x	वृद्ध.चा. 1.14	x
148	101	78	x	वृद्ध.चा. 6.1	x
149	226	60	x	वृद्ध.चा.7.7	x
150	x	x	x	हितो.का. 2.54	x
151	236	x	x	चा.सा.संग्रह 3.50	x
152	102	x	जा.528	x	x
153	103	x	जा. 528	x	x
154	211	x	जा.312	x	x
155	344	x	जा.312	x	x

156	104	x	जा.272	x	x
157	105	x	जा.272	x	x
158	88	137	x	चा.नी.दर्पण 16.10	x
159	106	162	x	पंच.पुर्न. 2.31	x
160	107	x	चू.वं. 48.29	x	x
161	108	x	चू.वं. 48.30	x	x
162	109	x	जा. 522	x	x
163	x	x	जा. 452	x	x
164	272	163	x	x	अचिन्हित
165	273	x	x	x	अचिन्हित
166	274	x	जा. 528	x	x
167	275	x	जा. 528	x	x
168	276	x	जा. 528	x	x
169	277	x	जा. 528	x	x
170	278	x	जा. 528	x	x
171	279	x	जा. 528	x	x
172	280	x	जा. 528	x	x
173	281	x	जा. 528	x	x
174	282	x		x	अचिन्हित
175	x	x	चू.वं. 46.26	x	x
176	287	x	x	x	अचिन्हित
177	286	x	x	चा.रा.नी.शा . 8.63	x
178	x	122	x	सूक्ति.र.हा. 196.108	x
179	x	x	x	व्यास 84	x

180	356	117	x	व्यास(सि)5 2	x
181	240		x	हितो.ज. 1.28	x
182	x		x	वृद्ध.चा. 7.1	x
183	255	82	x	चा.सा.संग्रह 1.72	x
184	363	99	x	महाभा. 5.35.59	x
185	189	x	x	x	अचिन्हित
186	x	130	दी.नि.अट्ठ. 3.207/ वि.म. 1.297	x	x
187	222	131	X	x	x
188	368	x	X	व्यास 14	
189	219	x	X	x	अचिन्हित
190	269	119	X	x	अचिन्हित
191	270	x	जा. 472	x	x
192	271	x	जा. 472	x	x
193	91	124	X	चा.रा.नी.शा . 8.52	x
194	89	89	X	x	अचिन्हित
195	370	x	जा. 537	x	x
196	53	x	जा. 537	x	x
197	378	x	X	x	अचिन्हित
198	x	x	X	मनु. 2.215	
199	166	x	X	x	अचिन्हित

200	167	161	X	चा.नी.शास्त्र. 76	x
201	168	x	जा. 536	x	x
202	170	x	X	पंच.पुर्न. 1.105	x
203	172	x	X	x	अचिन्हित
204	212	125	X	चा.नी.दर्पण 14.12	x
205	242	x	X	पंच.पुर्न. 1.52	x
206	213	x	X	चा.वे. 65	x
207	243	x	X	x	अचिन्हित
208	171	x	जा. 536	x	x
209	164	x	सं.नि. 1.103+1.51	x	x
210	160	x	अ.नि. 2.33	x	x
211	161	x	अ.नि. 2.33	x	x
212	162	x	अ.नि. 2.33	x	x
213	163	x	अ.नि. 2.33	x	x
214	259	94	X	व्यासकार 49	x
215	156	x	X	चा.नी.दर्पण 1.14	x
216	200	x	X	चा.नी.दर्पण 1.1	x
217	375	x	X	व्यास(सि) 93	x

218	241	x	X	व्यास(सि) 92	x
219	244	x	X		अचिन्हित
220	252	x	X	चा.रा.नी.शा. 8.77	x
221	246	x	X	व्यास 65	x
222	247	x	X	व्यास (सि)40	x
223	360	x	X	व्यास 32	x
224	x	x	X	व्यास (सि.) 87	x
225	93	x	X	व्यास (सि) 97	x
226	220	132	X	सु.वल्लभ. 2742	x
227	94	133	X	पंच.कोसेगर्टेन 3.54	x
228	x	x	X	x	अचिन्हित
229	372	138	X	x	अचिन्हित
230	x	x	जा. 508	x	x
231	201	x	जा. 508	x	x
232	215	x	X	चा.सा.संग्रह. 2.10	x
233	316/ 184	x	जा. 545	x	x
234	30	x	X	x	अचिन्हित
235	353	x	X	x	अचिन्हित

236	221	x	थेरगा. 445	x	x
237	350	x	X	x	अचिन्हित
238	x	x	सं.नि. 1.88/ थेरगा. 442	x	x
239	354	x	X	व्यास 56	x
240	384	x	जा. 520		x
241	343	x	X	व्यास(सि) 22	x
242	x	x	X	x	अचिन्हित
243	225	x	X	x	अचिन्हित
244	248	x	जा. 304	x	x
245	202	x	जा. 304	x	x
246	203	160	X	चा.नी.शास्त्र. 33	x
247	204	145	X	सु.वल्लभ. 2761	x
248	237	87	X	शार्ङ्ग.ध.प. 1491	x
249	371	23	X	व्यास.सु.सं. 21	x
250	80	x	जा. 382	x	x
251	186	123	जा.382+ ध.प. 50	x	x
252	205	x	X	चा.नी.शास्त्र. 20	x
253	206	x	जा. 223	x	x
254	207	x	जा. 223	x	x

महारनीति गाथानुसूची

प

महारहनीति शब्दानुसूची